Walter Beyerlin
Werden und Wesen des 107. Psalms

Walter Beyerlin

Werden und Wesen des 107. Psalms

Walter de Gruyter · Berlin · New York
1979

Beiheft zur Zeitschrift für die alttestamentliche Wissenschaft

Herausgegeben von Georg Fohrer

153

CIP-Kurztitelaufnahme der Deutschen Bibliothek

Beyerlin, Walter:
Werden und Wesen des 107. [hundertsiebten] Psalms / Walter Beyerlin. – Berlin, New York : de Gruyter, 1979.
   (Zeitschrift für die alttestamentliche Wissenschaft : Beih. ; 153)
   ISBN 3-11-007755-8

1978

by Walter de Gruyter & Co., vormals G. J. Göschen'sche Verlagshandlung – J. Guttentag, Verlagsbuchhandlung – Georg Reimer – Karl J. Trübner – Veit & Comp., Berlin 30
Alle Rechte des Nachdrucks, der photomechanischen Wiedergabe,
der Übersetzung, der Herstellung von Mikrofilmen und Photokopien,
auch auszugsweise, vorbehalten.
Printed in Germany
Satz und Druck: Walter de Gruyter & Co., Berlin 30
Bindearbeiten: Lüderitz & Bauer, Berlin 61

UXORI DILECTISSIMAE

Vorwort

Die vorliegende Arbeit ist 1976/77 entstanden. Sie ist, bedingt durch den Umfang des aufgegriffenen Psalms, mehr noch durch seinen besonderen Schwierigkeitsgrad, zu einem Buche geraten. Sollte sich die Hoffnung erfüllen, daß von dem bearbeiteten Psalmkomplex aus zugleich benachbartes Terrain innerhalb und außerhalb des Psalters überschaubarer zu werden vermag, so erschiene der Aufwand vollends gerechtfertigt.

Teile der Arbeit sind in Seminarsitzungen am Fachbereich Evangelische Theologie zu Münster erprobt worden. An jene Sitzungen denke ich gerne zurück.

Für die so bereitwillige Aufnahme der vorliegenden Studie in die Reihe der »Beihefte zur Zeitschrift für die alttestamentliche Wissenschaft« bin ich dem Herrn Herausgeber, meinem Kollegen Prof. D. Dr. Georg Fohrer, D. D., sehr verbunden; nicht minder dem Verlag Walter de Gruyter. – Wiederum schulde ich meinem Assistenten Dr. Jörn Halbe für seine tatkräftige und sachverständige Hilfe bei der Durchsicht der Druckfassung, der Korrektur und der Erstellung des Bibelstellenregisters herzlichen Dank.

Münster, im Januar 1978   Walter Beyerlin

Inhaltsverzeichnis

Vorwort VII
Abkürzungsverzeichnis XI

1. Zur Problematik im einzelnen 1
   1.1. Einheitlichkeit und Genese 1
   1.2. Gleichnishaftigkeit der Rede? 1
   1.3. Gattungsbestimmtheit 2
   1.4. Sitz im Leben 4
   1.5. Verhältnis zu anderen alttestamentlichen Texten und Traditionen 4
   1.6. Zeitansatz 5

2. Zur Gliederung und vorläufigen Form- und Gattungsbestimmung . 7
   2.1. Gliederung 7
   2.2. Gattungsbestimmung 8
   2.3. Rhythmische Gliederung und Umfang der Teile 11

3. Zur überlieferungsgeschichtlichen Ortung 13
   3.1. v. 33–43 13
   3.2. v. 10–16 16
   3.3. v. 17–22 18
   3.4. v. 4–9 19
   3.5. v. 23–32 20
   3.6. v. 2–3 21
   3.7. v. 1 26
   3.8. Ergebnisse 27
   3.9. Zusammenschau der Ergebnisse 31

4. Zur inhaltlichen Näherbestimmung 32
   4.1. v. 4–9 32
   4.2. v. 10–16 38
   4.3. v. 17–22 46
   4.4. v. 23–32 53
   4.5. v. 33–43 59
   4.6. v. 2–3 67
   4.7. v. 1 69

5. Zur Klärung der Frage der Einheitlichkeit 72
   5.1. v. 1 72
   5.2. v. 2–3 73
   5.3. v. 4–22 74
   5.4. v. 23–32 76
   5.5. v. 33–43 77

	5.6.	Schlußzeilen v. (9.16.)22.32.43	80
	5.7.	Literar- oder Überlieferungskritik?	81
6.	Zur Klärung der Frage der Genese		83
	6.1.	Sequenzen	83
	6.2.	Zeitansatz	83
	6.3.	Region	86
	6.4.	Sitz im Leben	86
		6.4.1. v. 1	86
		6.4.2. v. 1.4–22	87
		6.4.3. Transplantation?	88
		6.4.4. Entstehungsbereich	88
		6.4.5. v. 23–32 (1. »Sitz«)	88
		6.4.6. v. 23–32 (2. »Sitz«)	91
		6.4.7. Teilrückblick	97
		6.4.8. v. 33–43	98
		6.4.9. Retuschen	99
		6.4.10. v. 2–3	100
		6.4.11. Gesamtrückblick	102
	6.5.	Urheberschaft	103
		6.5.1. v. 1.4–22	103
		6.5.2. v. 2–3	105
		6.5.3. v. 23–32	106
		6.5.4. Zwischenbetrachtung	106
		6.5.5. v. 33–43	106
		6.5.6. Zusammenschau	108
	6.6.	Inhaltliche Grundzüge	110
		6.6.1. v. 1.4–22	110
		6.6.2. v. 23–32	110
		6.6.3. v. 2–3	111
		6.6.4. v. 33–43	112

Literaturverzeichnis 113

Bibelstellenregister 116

Abkürzungsverzeichnis
Kommentare werden regelmäßig ohne Titel angeführt.

AcOr	Acta Orientalia
AncB	Anchor Bible
AOAT	Alter Orient und Altes Testament
ATD	Das Alte Testament Deutsch
AThD	Acta theologica Danica
BA	Biblical Archaeologist
BEvTh	Beiträge zur evangelischen Theologie
BHH	Biblisch-historisches Handwörterbuch
BiBe	Biblische Beiträge
BibOr	Biblica et Orientalia
BK	Biblischer Kommentar
BVC	Bible et vie chrétienne
BWANT	Beiträge zur Wissenschaft vom Alten und Neuen Testament
BWAT	Beiträge zur Wissenschaft vom Alten Testament
BZAW	Beihefte zur Zeitschrift für die alttestamentliche Wissenschaft
DVfLG	Deutsche Vierteljahresschrift für Literaturwissenschaft und Geistesgeschichte
EB	Die Heilige Schrift in deutscher Übersetzung. »Echter Bibel«
EvTh	Evangelische Theologie
FRLANT	Forschungen zur Religion und Literatur des Alten und Neuen Testaments
HAT	Handbuch zum Alten Testament
HAWAT	Hebräisches und aramäisches Wörterbuch zum Alten Testament
HK	(Göttinger) Handkommentar zum Alten Testament
HSAT	Die Heilige Schrift des Alten Testaments, hg. v. H. Herkenne und F. Feldmann
HUCA	Hebrew union college annual
JBL	Journal of biblical literature
JSSt	Journal of Semitic Studies
JThS	Journal of theological studies
KAT	Kommentar zum Alten Testament
KHC	Kurzer Hand-Commentar zum Alten Testament
NCeB	New Century Bible
NTD	Das Neue Testament Deutsch
SAT	Schriften des Alten Testaments in Auswahl
SBM	Stuttgarter biblische Monographien
SG	Sammlung Göschen
SNVAO.HF	Skrifter utgitt av det norske videnskaps-akademi i Oslo. Historisk–filosofisk klasse
StTh	Studia theologica
TBC	Torch bible commentaries
THAT	Theologisches Handwörterbuch zum Alten Testament

ThLZ	Theologische Literaturzeitung
ThR	Theologische Rundschau
ThV	Theologia Viatorum
ThWAT	Theologisches Wörterbuch zum Alten Testament
UF	Ugarit-Forschungen
UTB	Uni-Taschenbücher
VTS	Vetus Testamentum, Supplementa
WMANT	Wissenschaftliche Monographien zum Alten und Neuen Testament
ZAW	Zeitschrift für die alttestamentliche Wissenschaft
ZBK	Zürcher Bibelkommentar

Wer die Kommentare zu Ps 107 überblickt, wird mit Verwunderung feststellen, daß nahezu alle Fragen, die für das Verständnis dieses Gedichtes, seines Werdens und Wesens grundlegend sind, verschieden beantwortet werden. Es empfiehlt sich, zur Einführung diesen Dissens zu skizzieren:

1. Zur Problematik im einzelnen

1.1. Umstritten ist die Frage der *Genese* des Psalms. Einerseits wird sie aus der Überzeugung heraus beantwortet, der uns überkommene Text sei nicht in einem Zug abgefaßt worden, sei entweder aus zwei ursprünglich selbständigen Psalmen kompiliert worden[1], eventuell zur Erstellung einer liturgischen Komposition[2]; oder er sei durch Erweiterung eines relativ älteren Grundbestands[3] um die eine oder andere Zusatzdichtung[4] sukzessiv zustandegekommen[5]. Andererseits verstummen bis zum heutigen Tag nicht die Stimmen, welche Analysen der umschriebenen Art für nicht schlüssig und unnötig halten[6] und also die Einheitlichkeit des Psalmtexts verfechten, sei es im Gedanken an eine Liturgie aus einem einzigen Guß[7], sei es unter Verweis auf bewußte stilistische Abrundung, auf den Gebrauch der Stilfigur der inclusio[8].

1.2. Ebenso kontrovers ist die Frage, ob bzw. inwieweit im ersten Hauptteil des Psalms[9] mit *gleichnishafter Rede* zu rechnen sein könnte. Auf

---

[1] Grob gesagt, aus v. 1–32 und 33–43. So beispielsweise R. Kittel, KAT XIII, 1929[5.6], 351. Eine andere, von M. Buttenwieser (1938.1969², 303–317) propagierte Unterteilung fand in der Diskussion keinen Anklang.

[2] So E. J. Kissane, 1964, 494.

[3] Er wird im Textbereich v. 1–32 erblickt.

[4] Vor allem um v. 33–43 sowie um v. (2.)3.

[5] So u. a. B. Duhm, KHC XIV, 1922², 388 ff.; M. Löhr, Psalmenstudien, BWAT NF 3, 1922, 42; H. Gunkel, HK II 2, 1926⁴, 470 ff.; E. A. Leslie, 1949, 301; H.-J. Kraus, BK XV/2, 1960, 737 ff.; ferner H. Herkenne, HSAT V 2, 1936, 350; F. Mand, Die Eigenständigkeit der Danklieder des Psalters als Bekenntnislieder, ZAW 70 (1958) 195; W. O. E. Oesterley, 1959, 452 ff.; C. A. und E. G. Briggs, II 1907.1960, 357 ff.; G. Castellino, 1965, 413 und (erwägungsweise) A. Deissler, 1964, 427.

[6] A. A. Anderson, NCeB, II 1972, 749; zuvor etwa auch schon F. Nötscher, EB, 1959⁵, 238.

[7] So H. Schmidt, HAT I 15, 1934, 197 f.; S. Mowinckel, The Psalms in Israel's Worship, II 1962, 42; A. Weiser, ATD 14/15, 1973⁸, 470 ff.

[8] So M. Dahood, AncB 17A, III 1970, 80 ff. 89. 91.

[9] Gemeint ist in diesem Fall v. 4–32, nicht auch v. 1–3.

der einen Seite wird die Meinung vertreten, es werde hier überhaupt nur
bildlich-übertragen gesprochen; man habe es mit einer Serie von Metaphern
zu tun[10]: Die Rettung der verirrten Wanderer, auch die der Gebundenen,
der Kranken, der in Seenot Geratenen, umschreibe im Grunde die Heimführung
aus dem Exil[11]. Nach einer anderen Deutung hebt sie[12], (vermeintlich!)
mit einiger Wahrscheinlichkeit, auf den Exodus aus Ägypten und
Vorgänge der Wüstenwanderung ab[13]. Auf der anderen Seite werden
Bezugnahmen auf die Repatriierung der Exulanten als nachträgliche Neuinterpretation
in Ansatz gebracht[14]. Oder, es wird überhaupt nicht mit
gleichnishafter Rede gerechnet und, dem einfachen Wortsinn des Textes
gemäß, das Zeugnis von vier Gruppen einzelner Israeliten erhoben, die aus
typisch persönlichen Notlagen heraus Errettung erfahren haben[15].

1.3. Nach allem versteht sich's von selbst, daß auch die Frage nach
den prägenden *Gattungen* verschieden beantwortet wird. Soweit im
ersten Hauptteil des Psalms Gleichnishaftigkeit — und d. h. dann im vorliegenden
Falle kollektive Rettungserfahrung der Glaubensgemeinschaft —
vorausgesetzt ist, wird folglich »nationaler Dankhymnus«[16] oder gemeindliches
Danklied[17] verzeichnet. Wo Metaphern nicht angenommen werden,
wo also die besagten Erfahrungen einzelner Grundlage sind, wird persönliches
Danklied[18], »berichtender Lobpreis einzelner«[19], konstatiert. Dies
manchmal in Bausch und Bogen, so, als seien in Ps 107 Lieder zusammengestellt,
die die Erretteten selbst zum Vollzug ihres Dankes und Lobs vorzutragen
gehabt hätten[20]. Anderwärts wird notiert, es handle sich nur um

---

[10] So E. J. Kissane a. a. O. 494 ff.   [11] Ders. a. a. O. 494.

[12] Dann freilich abgesehen, wie es scheint, von v. 23—32.

[13] Nach M. Dahood a. a. O. 82 ff. Nach A. Weiser (a. a. O. 471f.) beziehen sich (in einer kaum noch metaphorisch zu nennenden Weise) allein die Verse 4—9 auf Exodus und Wüstenwanderung, während 10—32, in keiner Weise übertragen, auf der Erfahrung erretteter Individuen beruhen.

[14] Vgl. H.-J. Kraus a. a. O. 738—741.

[15] Vgl. etwa R. Kittel a. a. O. 351f.; H. Gunkel a. a. O. 470 ff.; H. Schmidt a. a. O. 197f.; E. A. Leslie a. a. O. 301 ff., ferner (hinsichtlich eines noch unglossierten Grundtexts) Briggs a. a. O. 357 ff. sowie H. Herkenne a. a. O. 350 ff.; F. Nötscher a. a. O. 237 ff.; W. O. E. Oesterley a. a. O. 452 ff.; G. Castellino a. a. O. 412 ff. — A. A. Anderson (a. a. O. 750 ff.) mag sich zwischen den verschiedenen Anschauungen nicht entscheiden.

[16] »A hymn of national thanksgiving« — so M. Dahood a. a. O. 80, sinngemäß auch E. J. Kissane a. a. O. 494.

[17] A. Weiser a. a. O. 470 f. Seine Gattungsbestimmung »Gemeindedanklied« wird auch durch den Umstand nicht eingeschränkt, daß eine von drei in Betracht gezogenen Responsorien (v. 1b.9 und 16) individuelle Rettungserfahrung bekundet (nämlich v. 16).

[18] Vgl. beispielshalber H. Gunkel a. a. O. 470; E. A. Leslie a. a. O. 301 oder A. Deissler a. a. O. 427.

[19] Vgl. C. Westermann, Das Loben Gottes in den Psalmen, 1963³, 76.80.

[20] Diesen Eindruck erwecken etwa Formulierungen bei W. O. E. Oesterley a. a. O., A. A. Anderson a. a. O. 749 oder auch C. Westermann (vgl. besonders a. a. O. 76, Anm. 55).

1.3. Gattungsbestimmtheit

Aufrufe zur Danksagung, zur Lobpreisung[21]. Was die Erretteten in Befolgung dieser Aufrufe zu rezitieren gehabt hätten, sei in dem bloß initiierenden Text[22] naturgemäß nicht mehr enthalten. Schließlich wird auch die These vertreten, der erste Hauptteil des Psalms entspräche überhaupt nicht dem Danklied einzelner Menschen; vielmehr sei er »im Formzusammenhang mit dem imperativischen Hymnus« zu sehen, als eine Entfaltung dieser Psalmform, als »Ausbau des namentlichen Aufrufs im imperativischen Hymnus«[23].

Bezieht man den Psalmschluß[24] in diesen Überblick ein, so verstärkt sich noch der Dissens: Hier ist es zwar unbestritten, daß hymnische »Elemente und Motive« hervortreten[25], nicht aber, daß im ganzen ein Hymnus vorliegt[26]. Entsprechend ist kontrovers, ob und, wenn ja, inwieweit weisheitlich-didaktische Züge im Spiel sind[27], ob bloß im allerletzten Vers[28] oder im Schlußteil im ganzen. Dieser wäre dann völlig zu Recht[29] Weisheitsdichtung[30] oder -lehre[31] oder -hymnus[32] genannt worden.

Strittig ist überdies, wie Ps 107 insgesamt zu kennzeichnen ist: Dem Urteil, er sei als Liturgie zu beurteilen[33], stehen Einschätzungen gegenüber, die ohne Annahme wechselnder Stimmen[34] auskommen und ihn als nichtliturgisch erachten[35].

---

[21] Am pronconciertesten bei H.-J. Kraus a. a. O. 737.

[22] Vgl. dazu H.-J. Kraus a. a. O.

[23] F. Crüsemann, Studien zur Formgeschichte von Hymnus und Danklied in Israel, WMANT 32, 1969, 73.(44.66f.).   [24] Gemeint sind jetzt wieder die Verse 33—43.

[25] F. Crüsemann a. a. O. 120, ähnlich H.-J. Kraus a. a. O. 740.

[26] Vgl. einerseits etwa H. Gunkel a. a. O. 472; H. Schmidt a. a. O. 198; E. A. Leslie a. a. O. 301; A. Weiser a. a. O. 472; M. Dahood a. a. O. 89; A. A. Anderson a. a. O. 749. Siehe andererseits aber F. Crüsemann a. a. O. 73f.120f.

[27] H. Schmidt beispielsweise konstatiert nur ein Art priesterlicher Ermahnung: a. a. O. 198. Ähnlich F. Nötscher a. a. O. 237.

[28] D. h. in v. 43. So etwa H. Gunkel a. a. O. 473; E. A. Leslie a. a. O. 304f.; H.-J. Kraus a. a. O. 741.   [29] Trotz H. Gunkel a. a. O.

[30] M. Löhr a. a. O. 42. Im Grunde auch F. Crüsemann a. a. O.

[32] A. A. Anderson a. a. O. 749.   [31] H. Herkenne a. a. O. 350.

[33] So H. Schmidt a. a. O. 197; E. A. Leslie a. a. O. 301; H.-J. Kraus a. a. O. 734ff.; E. J. Kissane a. a. O. 494; A. Weiser a. a. O. 470f.; erwägungsweise S. Mowinckel a. a. O. 42 und A. A. Anderson a. a. O. 750.

[34] Wenn diese nicht im Spiel sind, sollte man von »Liturgie« gar nicht sprechen. Vgl. die von H. Gunkel—J. Begrich (Einleitung in die Psalmen, 1966², 407) gegebene Definition: »... Stücke verschiedener Gattungen in der Absicht einer einheitlichen Wirkung im Gottesdienste von wechselnden Stimmen zur Aufführung gebracht ...«. Können E. J. Kissane (a. a. O.) und H.-J. Kraus (a. a. O.), von ihren eigenen Voraussetzungen aus, so wie sie dies tun, von Liturgie reden?

[35] Vgl. R. Kittel a. a. O. 351; H. Gunkel, HK II 2, 1926⁴, 470ff.; H. Herkenne a. a. O. 350ff.; F. Nötscher a. a. O. 237; W. O. E. Oesterley a. a. O. 452ff.; M. Dahood a. a. O. 80ff.

1.4. Es bedarf kaum noch eines Worts, daß sich die Meinungsdifferenzen, die bislang dargestellt wurden, auch in den Antworten auswirken, die auf die Frage nach dem *Sitz im Leben* laut werden. Soweit sie überhaupt konturiert sind[36], steht dem Verweis auf den gemeindlichen Festkult im ganzen, der den Kollektivgattungen eines »Gemeindedanklieds« oder Hymnus entspricht[37], die speziell auf dankende einzelne abgestellte Hypothese entgegen, Sitz im Leben sei eine gemeinsame Dankopferfeier[38], in der einerseits ein selbständiges Kultfest erblickt wird[39], andererseits offensichtlich ein Akt innerhalb eines umfassenderen Festablaufs, etwa dem des Herbst-, Neujahrs- oder Laubhüttenfests[40]. Wird Ps 107 als liturgische Wechselrede verstanden, so wird die Verbindung von persönlichem Dank und gemeindlichem Hymnus aus dem Zusammenspiel abgeleitet, das in einem solchen kultischen Rahmen zwischen den dankenden einzelnen und der präsenten Gemeinde vorstellbar ist[41].

Der Überblick über die zur Frage des Sitzes im Leben vorliegenden Antworten müßte, insoweit sukzessive Entstehung des Psalms, Erweiterungen seines primären Bestands, angenommen worden sind, auch Überlegungen einschließen, ob sich hierbei nicht der Sitz im Leben verändert haben könnte. Indes, solche Überlegungen sind kaum angestellt worden[42]. Wo sich Ansätze in dieser Beziehung abzeichnen, stehen der Meinung, der »Sitz« sei unverändert geblieben[43], gegenläufige Andeutungen gegenüber, eine »ekklesiologische« oder eine weisheitlich-lehrhafte Neufassung habe sich durchzusetzen vermocht[44].

1.5. Unterschiedlich ist auch das Maß, in dem *Berührungspunkte* zwischen Ps 107 und anderen alttestamentlichen Texten, vor allem solchen des zweiten Jesaja- und des Hiobbuchs, festgestellt worden sind. Einerseits gibt es Kommentare, die zu diesem Gesichtspunkt nichts ausführen, teils

---

[36] Dies ist – nach Lage der Dinge durchaus verständlicherweise – mitnichten immer der Fall, so etwa nicht bei R. Kittel a. a. O. 351; bei E. J. Kissane a. a. O. 494 und M. Dahood a. a. O. 80 f.

[37] Vgl. besonders A. Weiser a. a. O. 470 ff.

[38] So H. Gunkel a. a. O. 470; H. Schmidt a. a. O. 197; E. A. Leslie a. a. O. 301 ff.; W. O. E. Oesterley a. a. O. 452, wie es scheint, auch F. Nötscher a. a. O. 237 f.

[39] Am Ende dann doch wieder gemeindlicher Art – vgl. vor allem S. Mowinckel a. a. O.; erwägungsweise auch A. A. Anderson a. a. O.

[40] Vgl. H. Gunkel a. a. O.; H. Schmidt a. a. O. 198; E. A. Leslie a. a. O. 301; W. O. E. Oesterley a. a. O., überdies auch H. Herkenne a. a. O. 350 f. – H.-J. Kraus, der den ersten Psalmteil von seinen Aufrufen her als »Initiationsakt« versteht, denkt an einen allgemeinen »liturgischen« Akt, der die Zeit der Dankopfer einzelner Beter eröffnet (a. a. O. 737).

[41] Vgl. z. B. H. Schmidt a. a. O. 197 ff.

[42] Bei R. Kittel bahnen sie sich immerhin an: a. a. O. 351.

[43] Vgl. H. Gunkel a. a. O. 473.

[44] Zu ersterem vgl. H.-J. Kraus a. a. O. 741, zu letzterem F. Crüsemann a. a. O. 74.

1.6. Zeitansatz

ohne Angabe von Gründen[45], teils, wie es scheint, in der Meinung, Berührungen würden, da der Psalm zeitlich vorrangig sei, für diesen ohnehin nichts besagen[46]. Andererseits liegen die Dinge auch dort, wo Berührungspunkte notiert werden, verschieden, nicht nur, was die Gründlichkeit, auf das Ganze des Psalmtexts gesehen, betrifft[47], sondern auch, insofern sich die Nachforschung manchmal, offensichtlich voreingenommen, dem zweiten Psalmteil weit mehr als dem ersten zuwendet[48].

Je nachdem kommt es *in literargeschichtlicher Hinsicht* zu entsprechend divergenten Einschätzungen: Es ist entweder der Psalm in seinen beiden Teilen von Deuterojesaja oder anderer Spätliteratur beeinflußt[49]; oder dies gilt nur für seinen zweiten, nachträglich angehängten Teil[50]; oder aber das Verhältnis zu anderen Texten bleibt alles in allem im Dunkeln, so daß die Annahme vertretbar erscheint, die Priorität liege doch wohl auf seiten des Psalms.

1.6. Wen kann es nach allem noch wundern, daß auch, was den *Zeitansatz* anbelangt, die Meinungen stark divergieren? Auf der einen Seite gilt es als möglich, daß noch vor Deuterojesaja und also noch vor dem Exil abgefaßt worden ist, sei es der in sich einheitliche Psalm insgesamt[51], sei es, dessen Komplexität vorausgesetzt, nur eben sein Grundbestand[52]. Auf der anderen Seite wird – vor allem unter dem Eindruck, daß sich der Psalm mit deuterojesajanischen oder anderen, späteren Texten berührt[53] – in toto nachexilisch geortet, sowohl in Kommentaren, die den Psalmtext als Einheit verstehen[54], als auch in denen, die dieses Urteil nicht teilen[55]. Die verschiedenen Versionen, in denen diese letztgenannte zeitliche Einordnung ins Auge gefaßt worden ist, können dahingestellt bleiben. Worauf es hier

---

[45] Vgl. etwa E. A. Leslie a. a. O. 301 ff. oder W. O. E. Oesterley a. a. O. 452 ff.
[46] So offenbar A. Weiser a. a. O. 471 f. (Der Gesichtspunkt der Wirkungsgeschichte wird dann natürlich auch nicht ins Auge gefaßt.)
[47] Man vgl. miteinander etwa B. Duhm a. a. O. 388 ff.; R. Kittel a. a. O. 351 f.; M. Dahood a. a. O. 80 ff. und E. J. Kissane a. a. O. 498 ff.; letzterer recherchiert mit besonderer Intensität.
[48] Vgl. etwa H. Herkenne a. a. O. 350 ff. oder H.-J. Kraus a. a. O. 738 ff.
[49] So nach E. J. Kissane a. a. O.
[50] Vgl. etwa H. Gunkel a. a. O. 473; H. Schmidt a. a. O. 198 oder H.-J. Kraus a. a. O. 740.
[51] So A. Weiser a. a. O. 471, erwägungsweise auch A. A. Anderson a. a. O. 749.
[52] Vgl. H.-J. Kraus a. a. O. 737. Bei dem dann angenommenen Zuwachs wird »ein Zusammenhang zur Verkündigung Deuterojesajas« gesehen (a. a. O. 740). Gemeint ist offensichtlich eine Abhängigkeit dieses Psalmstücks von den Worten des gen. Propheten.
[53] Andere Überlegungen wie die, von wann ab israelitischer Seehandel vorausgesetzt werden kann, kommen hinzu, sind aber von nachgeordnetem Rang.
[54] Vgl. H. Schmidt a. a. O. 199, wie es scheint aber auch F. Baethgen a. a. O. 325 und S. Mowinckel a. a. O.
[55] Vgl. u. a. H. Gunkel a. a. O. 471 f. und E. A. Leslie a. a. O. 302 oder Briggs a. a. O. 358; W. O. E. Oesterley a. a. O. 453; E. J. Kissane a. a. O. 494 ff.

ankommt, ist, die Differenz anzudeuten, die — ebenso wie in allen anderen Grundfragen — auch in der des Zeitansatzes besteht.

In summa läßt sich tatsächlich sagen, die für das Verständnis des Psalms 107, seines Werdens und Wesens grundlegenden Fragen seien noch immer so offen, daß es wohlangebracht, ja, erforderlich ist, sich ihrer neu anzunehmen.

2. Zur Gliederung und vorläufigen Form- und Gattungsbestimmung

Vorab geklärt werden muß, wie sich der überkommene Psalmtext *gliedert*, welcher Art seine *Bestandteile* sind. (Der zweite Aspekt ist vorerst nur so weit, wie dies ohne Entscheidung anderer noch offener Fragen möglich erscheint, zu verfolgen.)

2.1. Nicht zu verkennen ist, daß Ps 107 vier Stücke umfaßt, die alle demselben Schema folgen, dabei jeweils zwei Kehrverse aufweisen[1], demnach Strophen (im weitgefaßten Sinn des Begriffes[2]) darstellen, Strophen, die sich an verschiedene Gruppen mit — wie es scheint — je eigenen Rettungserfahrungen wenden und sie in stereotyp wiederholten Worten[3] jussivisch zum Gotteslob aufrufen. Im einzelnen umfassen Strophe I[4] v. 4–9, Strophe II v. 10–16, Strophe III v. 17–22 und Strophe IV v. 23–32. Alle vier Strophen zusammen bilden den Großteil des Psalms, v. 4–32.

Aus dem strophenstrukturierten Zusammenhang fallen evidentermaßen heraus: a) das abschließende Stück v. 33–43, das nicht mehr Lobaufruf ist, sondern Lobpreisung ausführt und dabei zugleich zu weisem Verhalten ermutigt und ermahnt[5], b) die einleitenden Verse 1–3, die teils in imperativischer, teils in jussivischer Form Lobaufruf artikulieren, zugleich aber auch Lobpreis vollführen. Dabei ist v. 1 von v. 2–3 nicht nur durch die Verschiedenheit der grammatischen Form abgesetzt, sondern vor allem auch dadurch, daß v. 1, anders als das sich anschließende Stück, formelhaft-festgeprägt in verschiedenen Zusammenhängen erscheint[6], sichtlich als eigenständig lebendige Größe[7]. Zudem sind die Verse 2 und 3 nicht, wie

---

[1] Vgl. einerseits v. 6.13.19.28, andererseits v. 8.15.21.31.
[2] Vgl. etwa O. Eißfeldt, Einleitung in das Alte Testament, 1964³, 84 ff.; dort weitere Literaturhinweise.
[3] Vgl. v. 8.15.21.31.
[4] Zugleich eine der Abkürzung dienende Sprachregelung.
[5] Diese Abzweckung kommt vor allem (keinesfalls nur) in v. 42 f. zutage.
[6] Vgl. nur etwa den Eingang zu den Psalmen 106.118 und 136, dazuhin R. C. Culley, Oral Formulaic Language in the Biblical Psalms, 1967, 68, Formel 72.
[7] Vgl. dazu einstweilen W. Beyerlin, Der nervus rerum in Psalm 106, ZAW 86 (1974) 50–64.

manche Übersetzungen vorgeben[8], auf v. 1 rückbezogen. Denn es heißt in v. 2 nicht: »*So* sollen die Erlösten Jahwes sagen« oder »Sagen sollen *es* die Erlösten Jahwes«. Vielmehr setzt v. 2 (ohne *kō* oder einen andersgearteten Rückbezug), v. 3 im Enjambement nach sich ziehend, neu ein[9]. – Somit lassen sich als Bestandteile des Psalms unterscheiden: v. 1. 2–3. 4–32. 33–43. Dabei umfaßt der größte unter diesen Abschnitten, v. 4–32, ebenjene vier Strophen.

2.2. Präzisiert man, soweit im Augenblick möglich, die Gattungsbestimmungen dieser Bestandteile, so läßt sich noch folgendes sagen:

V. 1 ist ausgeprägt Hymnus[10]. So profiliert sein Lobruf ist, so fraglos ist andererseits, daß er Lobpreisung bereits auch vollzieht, nicht bloß im Akt des Aufrufes selbst, sondern explicite auch in den mit *kî* eingeleiteten Satzteilen[11].

Was jene vier Strophen, v. 4–32, angeht, so ist es indiskutabel, daß sie – gar im vorliegenden Wortlaut – Danklieder gewesen sein sollten, zum gruppenweisen Vortrag durch versammelte einzelne bestimmt. Selbst *die* Feststellung führt in die Irre, die Strophen verliefen »sämtlich in der aus dem Danklied bekannten Ordnung«[12]. Zwar lassen sich die Momente des Danklied-Hauptstücks, der »Erzählung«, substantiell allesamt wiederfinden: a) die Erzählung von der durchstandenen Not (v. 4–5. 10–12. 17–18. 23–27), b) die von der Anrufung Jahwes (v. 6. 13. 19. 28), c) die von der hierauf erfahrenen Rettung (v. 7. 14. 20. 29–30). Es ist aber völlig klar, daß diese Erzählungsmomente dem Lobaufruf subordiniert sind, auf den alle Strophen hinauslaufen (v. 8. 15. 21–22. 31–32). Obschon jussivisch geformt, liegt dieser Aufruf im Duktus des in v. 1 ausgerufenen hymnischen Imperativs: *jôdû l^{e}jhwh* entspricht dem *hodû l^{e}jhwh*; das im Kehrvers (8. 15. 21. 31) wiederholte *ḥasdô* dem *ḥasdô* am Schluß von v. 1. Hinzukommt, daß auch das den Lobpreis einleitende *kî*, das in v. 1 zu beobachten war, in völlig gleicher Funktion in den Strophen I und II wiederkehrt (v. 9. 16)[13]. Keine Frage also: der Psalmtext der Strophen führt den in v. 1 begonnenen Hymnus fort, ist selber nichts anderes als

---

[8] So etwa H. Gunkel, HK II 2, 1926^4, 468; H. Schmidt, HAT I 15, 1934, 196; H.-J. Kraus, BK XV/2, 1960, 734; E. J. Kissane, 1964, 495 bzw. B. Duhm, KHC XIV, 1922^2, 388; E. A. Leslie 1949, 302, aber auch R. Kittel, KAT XIII, 1929$^{5.6}$, 349 und A. Weiser, ATD 14/15, 1973^8, 469.

[9] Insoweit mit M. Dahood, AncB 17 A, III 1970, 78.81.

[10] Vgl. hierzu F. Crüsemann a. a. O. 44. Der Auffassung, imperativischer Hymnus sei eine selbständige »Untergattung des Hymnus« (a. a. O. 31), wird freilich nicht beigepflichtet.

[11] In schlagender Weise belegt dies Ps 118,1–4. Siehe dazuhin F. Crüsemann a. a. O. 32 ff., nicht zuletzt auch J. Muilenburg, HUCA 32 (1961) 135–160, speziell 157.

[12] H. Gunkel a. a. O. 470. Die dortigen Hinweise auf § 7 der Gunkel-Begrichschen Einleitung zeigen, daß das Danklied des einzelnen gemeint ist.

[13] Dazu, daß es sich in den Strophen III und IV (v. 22 und 32) anders verhält, vgl. unten Ziff. 5.6.

2.2. Gattungsbestimmung

Hymnus. – Auch was an Erzählungssubstanz in den Strophen verarbeitet ist, entspricht einem Hymnus-Moment, der in der Gattung des Hymnus geläufigen Nennung derer, die Gotteslob abstatten sollen[14]: Anstatt einfacher Nennung[15] wird in erzählerischer Form umschrieben, welche Kategorien erretteter Menschen dem Rettergott Lobpreis schulden. – Je mehr solcher Kategorien, desto umfassender der Hymnus, desto adäquater der umfassenden Rettermacht Jahwes. Es ist ein gerade für die Gattung des Hymnus charakteristischer Zug, viele, wenn nicht sogar »alle Welt«, zum Gotteslob aufzurufen[16]. Auch die Vielzahl der Strophen, die in Ps 107 aufgereiht sind[17], ist demnach hymnischer Art. – Daß jussivisch Lob abverlangt wird (v. 8. 15. 21f. 31f.), bedeutet bei alledem nicht, daß jene Strophen nicht selbst schon Lobvollzug wären. Zwar wäre es sicherlich voreilig, hier bereits auszuschließen, daß es zugleich darum gegangen sein könnte, weitere Lobpreis-Akte zu veranlassen. Speziell der 22. Vers könnte in diese Richtung weisen, zumal er nicht nur zum lobpreisenden Zeugnis auffordert, sondern auch auf *tôdā*-Opferung abzielt[18]. Wie dem auch sei, so viel steht ganz außer Frage, daß jene Strophen, wiewohl im Jussiv zentriert, selbst schon nichts anderes sind als sich vollziehende Lobpreisung. Genauso wie von v. 1 ist dies von v. 4ff. zu sagen, zumal hier wie dort Lobaufrufe mit *kî*-Stücken verbunden einhergehen[19]. Unser Strophen-Komplex *ist* Hymnus!

Vom voraufgehenden Passus v. 2–3 ist im Grunde dasselbe zu sagen: Auf den jussivischen Aufruf zum Lob (»Die Erlösten Jahwes sollen sagen«) folgt, durch die Konjunktion *ʾašær* eingeleitet[20], der Inhalt des geforderten Lobs (»daß er sie aus der Gewalt des Feindes/des Bedrängers[21] erlöst und sie aus den Ländern versammelt hat ...«). Wen könnte es im Ernste verwundern, daß dieser Passus, seinem hymnischen Kontext entsprechend, auch selber hymnischer Art ist?

---

[14] Mit F. Crüsemann a. a. O. 66f. 73f. Zu diesem Moment hymnischer Formensprache vgl. im übrigen H. Gunkel–J. Begrich, Einleitung in die Psalmen, 1966², § 2(7), 35f. Siehe beispielshalber auch Ps 148.
[15] Vgl. etwa Ps 148,2ff.
[16] Siehe Ps 33,8; 66,1.4; 96,1.9 u. a. m., auf der anderen Seite noch einmal Ps 148. Vgl. im übrigen Gunkel–Begrich a. a. O. § 2(7), 36.
[17] Zunächst waren es drei, noch nicht vier. Zur Begründung vgl. unten Ziff. 5.4.
[18] Bei einer derartigen Opferhandlung wird wohl Raum für weitere Loblieder gewesen sein. Vgl. immerhin Ps 22,27.
[19] Vgl. v. 1 mit v. 8f. und 15f.
[20] Insoweit mit M. Dahood a. a. O. 81. Vgl. aber auch J. Muilenburg a. a. O. 136/137.
[21] In LXX wird *ṣār*, das zugrundeliegende Wort, zutreffend wiedergegeben. Man vgl. die Zusammenhänge, in welchen *(û)mijjād* im Alten Testament gebraucht wird: S. Mandelkern, Veteris Testamenti Concordantiae, 1955², 452f. Im einzelnen siehe auch unten Ziff. 4.6 und 5.2.

Demgegenüber ist das Schlußstück des Psalms, v. 33—43, nicht im selben Grad hymnische Rede. — Es wäre wohl übertrieben, hymnische Züge bei ihm überhaupt zu verneinen. Mindestens derer drei lassen sich — schon allein in *inhaltlicher* Hinsicht — beobachten: Zum ersten die zeugnishafte Nachdrücklichkeit, in der in einer Reihe von Versen Jahwe und sein Tun thematisiert sind. Ebendieses ist Hymnenart[22]. Zum zweiten die göttliche Verfügungsgewalt über Phänomene der Natur. Sie ist auch sonst Gegenstand hymnischer Rede; Ps 29,3—9 und 33,6—7 belegen dies zur Genüge. Zum dritten das Motiv, daß Jahwe erhöht und erniedrigt und derart Wandel herbeiführt (Ps 107,40f.). Es ist, wie Ps 113,5b—9; 147,6 und I Sam 2,7—8 dokumentieren, gerade in Hymnen geläufig. — Aber auch die im Psalmschluß gesprochene *Sprache* ist keineswegs völlig unhymnisch[23]. Daß sie von einer Aufeinanderfolge von imperfecta consecutiva beherrscht sei, stimmt ja in dieser Verallgemeinerung nicht. Die einleitenden Zeilen, v. 33—35, sind vielmehr von bloßen imperfecta bestimmt, die ein für Jahwe typisches — weil prinzipiell iteratives — Handeln umschreiben. In dieser Funktion aber sind sie in der Gattung der Hymnen zu Hause[24]. Daß ein Partizipium hinzutritt (v. 40), ist insofern keine isolierte Erscheinung. Es konstituiert, mit jenen imperfecta zusammen, zumindest in Teilen des Schlußstücks, hymnischen Sprachcharakter. Selbst der zusätzliche Gebrauch von imperfecta consecutiva ist in hymnischer Rede nicht unmöglich. Ps 29,5.9; 65,6—10 und I Sam 2,6—10 können dies exemplarisch zeigen. Mißt man nicht an überspitzten und einseitigen Normen, so braucht nicht bestritten zu werden, daß wenigstens in v. 33—36. 40—41 (auch, wenn nicht gar überwiegend) hymnisch geredet wird. Dies läßt sich um so weniger leugnen, als just in diesen Partien die vorgenannten inhaltlichen Züge hervortreten, welche, wie gezeigt werden konnte, in Hymnen geläufig sind.

Andererseits verdient es Beachtung, daß in der mittleren Partie jenes Psalmschlusses in der Tat sich imperfecta consecutiva reihen und damit Erzählstil bewirken. Die Aufeinanderfolge hebt in v. 36 an, besteht bis v. 39, wirkt vielleicht auch noch in v. 40.41. Bemerkenswerterweise kommt hinzu, daß nicht mehr vorrangig Jahwe, sondern auch Menschen, z. T. vom Unheil bedrückte, Subjekt jener imperfecta consecutiva sind (vgl. v. 39). Es kreuzt sich hier offensichtlich ein besonderes erzählerisches Vorhaben mit herkömmlich hymnischer Rede: Ein »Auf und Nieder des Geschehens«[25] wird erzählt. Dabei wird vom segnenden bzw. strafenden Gott her deduziert und interpretiert. Mit der Absicht, den dergestalt handelnden Gott zu lobpreisen, verbindet sich noch eine andere, eine solche

---

[22] Siehe etwa Gunkel—Begrich a. a. O. § 2 (24—28).
[23] Gegen F. Crüsemann a. a. O. 73/74, speziell Anm. 5.
[24] Vgl. Gunkel—Begrich a. a. O. § 2 (27).
[25] A. Weiser a. a. O. 472.

2.3. Rhythmische Gliederung und Umfang der Teile 11

paränetisch-didaktischer Art: Die Wirkungen des göttlichen Segnens sollen den Rechtschaffenen zur Freude, die des göttlichen Strafens allen Schlechten zur Einschüchterung gereichen (v. 42). Was das Psalmgedicht abhandelt, will sich – so oder so – in Nutzanwendungen auswirken. Wer begreift und bewahrt, der ist weise (v. 43). Das Leitbild, das sich hier abzeichnet, verrät die weisheitliche Denkart[26], die dem teils hymnischen, teils paränetisch-didaktischen Reden zugrundeliegt. Diese kommt nicht erst am Schlusse zum Zug. Vielmehr durchdringt sie das Psalmstück im ganzen. Sie hat sowohl eingangs als auch im nachfolgenden Texte verankert, daß Gottes umwandelndes Handeln in gottgewollter Tun-Ergehen-Entsprechung geschieht (vgl. v. 34b. 39b).

Somit steht fest: Das abschließende Psalmstück, v. 33–43, hat deutlich hymnischen Einschlag, ist aber nicht einfach Hymnus. Es ist erzählerisch entfaltet, paränetisch-didaktisch gefärbt, von weisheitlichem Denken geleitet. Seine komplexe Natur kommt in der Bezeichnung »Weisheitshymnus« vielleicht noch am besten zum Ausdruck. Mag der Begriff nur Behelf sein, so kann er doch signalisieren, daß der Psalmschluß anders geartet ist als die rein hymnisch geprägten Stücke, welche voranstehen.

2.3. Beurteilt man schließlich die einzelnen Teile des Psalms nach ihrer rhythmischen Gliederung, so ist in summa zu sagen, es dominiere das Versmaß 3+3[27]. Bei näherer Betrachtung ergibt sich, daß dies im besonderen für den Eingang (v. 1) und die ersten drei der vier Strophen (v. 4–9. 10–16. 17–22) zutrifft. Alle Verse in diesem Bereich mit Ausnahme eines der beiden Kehrverse (6. 13. 19) stellen tatsächlich Doppeldreier dar. Keiner der übrigen Psalmteile erreicht solche Regelmäßigkeit. Bei der vierten Strophe (v. 23–32) weist nur die Hälfte der Zeilen das Versmaß 3+3 auf. Die andere Hälfte ist unregelmäßig (v. 23: 3+4; 24: 4+3;

---

[26] Vgl. in diesem Zusammenhang Hos 14,10; Qoh 8,1 (und dazu H. W. Wolff, BK XIV/1, 1965², 310f.). Weisheitlicher Sprachcharakter zeigt sich in verschiedener Hinsicht: Vor allem in der vermahnenden Art der Schlußverse 42.43 (vgl. dazu J. Kenneth Kuntz, The Canonical Wisdom Psalms of Ancient Israel – Their Rhetorical, Thematic, and Formal Dimensions, in: FS J. Muilenburg, 1974, 193.206), aber auch in der kontrastierenden Rede von den »Rechtschaffenen« und den Schlechten (v. 42) (vgl. J. K. Kuntz a. a. O. 213), nicht zuletzt in der antithetischen Strukturierung dieses Verses, die weisheitlicher Spruchart gemäß ist, sowie bedingt in einigen Vokabeln, die bevorzugt in der Sprache der Weisheit verwandt werden (vgl. J. K. Kuntz a. a. O. 199ff., speziell die von R. B. Y. Scott übernommene Liste a. a. O. 201 und in dieser die Nummern 4.15.29.45). Wichtiger als wortstatistische Beobachtungen sind mir freilich überlieferungsgeschichtliche Feststellungen. Das Ausmaß, in dem sich das abschließende Psalmstück an sapientialer Überlieferung orientiert, entscheidet wesentlich mit, ob weisheitliche Prägung vorliegt. Zu diesem (von J. K. Kuntz vernachlässigten) Gesichtspunkt siehe unten Ziff. 3.1. Vgl. des weiteren u. S. 66, Anm. 148.

[27] Diesem summarischen Eindruck wurde schon öfter Ausdruck gegeben. Vgl. etwa F. Baethgen a. a. O. 325; W. O. E. Oesterley a. a. O. 452f.; H.-J. Kraus a. a. O. 736.

25: 2+2+2; 26: 2+2+3, eher als 4+3; 28: 4+3). Beim Schlußstück des Psalms (v. 33–43) fallen immerhin 3 von 11 Versen aus dem Doppeldreier-Rhythmus heraus. Bei dem zur Einleitung gehörenden Stück v. 2f. verquickt sich mit dem Versmaß 3+3 das andere, triadische 2+2+2. – Hebt sich der so weitgehend regelmäßig gegliederte Textblock v. 1.4–22 nicht auffallend von den anderen Passagen ab, die gemischteren Rhythmus aufweisen? Sollte jener fast homogene Textblock nicht unabhängig von den anderen Stücken gedichtet worden sein? Man möchte dies um so mehr fragen, als sich die ersten drei Strophen auch in ihrem Umfange gleichen; sie umfassen 6 oder 7 Zeilen. Die gemischt gegliederte vierte Strophe hingegen weicht auch, insofern sie 10 Zeilen umschließt, vom Voraufgehenden merklich ab. Hier soll nur gefragt, nicht geantwortet werden. Allein metri causa oder aus Gründen des Umfangs zu antworten, würde kaum überzeugend sein können.

3. Zur überlieferungsgeschichtlichen Ortung

Zunächst ist zu klären, in welchem Maß sich der Psalm mit anderen literarischen Bereichen des Alten Testamentes berührt, wo und in welchen Bezügen sich die Berührungspunkte häufen und wie sie zu bewerten sind. Empfehlenswert dürfte es sein, die Erhebung der Berührungspunkte und ihre Deutung und Wertung akkurat auseinanderzuhalten. Dies aber heißt in praxi, eins nach dem anderen zu verfolgen. Letztlich geht es bei alledem darum, die Bestandteile des Psalms überlieferungsgeschichtlich zu orten, um hernach die Frage der Einheitlichkeit und Genese des Textes klären zu können.

3.1. Die Berührungspunkte im Schlußteil des Psalms, v. 33–43, sind noch am ehesten festgestellt worden. Kein Wunder – sie sind auch mit Händen zu greifen! Die beiden Hälften des 40. Verses stehen, von einer geringfügigen orthographischen Differenz abgesehen[1], genauso im Hiobbuch: v. 40a in Hi 12,21a, v. 40b in Hi 12,24b. Beide Hiobbuchstellen sind Bestandteile eines nachträglich eingeschobenen Stücks; sie gehören zu Hi 12,12–25, einem Hymnus auf Gottes Weisheit und Kraft im Geschick der Menschen und Völker[2]. – Ps 107,42b stimmt im wesentlichen mit Hi 5,16b überein. Die Psalmstelle differiert nur peripher, folgt, wie es scheint, einer erleichternden Lesart[3]. Beachtenswert ist, daß Hi 5,16b zu einem Abschnitt gehört (5,12–16), der hymnisch-paränetischer Art ist und insofern dem Schluß des Psalms 107 entspricht. Im vorliegenden Falle berühren sich also auch Kontexte derselben Gattungsbestimmtheit. Nicht minder bemerkenswert ist, daß die beiden Hiobbuchtexte, die bislang ins Blickfeld traten (5,12–16 und 12,12–25) inhaltlich zusammengehören[4]. Demnach sind die Berührungspunkte nicht etwa beliebig gestreut; sie häufen sich vielmehr bei bestimmten Hiobbuchtexten. – Des weiteren ist zu verbuchen, daß der in Ps 107,41a erzählerisch artikulierte Gedanke, Gott mache den Armen hoch, geringfügig anders geformt, im wesentlichen aber gleich, in Hi 5,11a wiederverlautet. Dies hat, auch wegen der Nachbarschaft von Hi 5,12–16, dem vorhin erwähnten Bezugstext, als Berührung in der Sache zu gelten. – Endlich ist festzuhalten, daß Ps 107,42a in Hi 22,19a ein fast identisches Gegenstück hat: Heißt es hier »Die Recht-

---

[1] Beim Partizipium am Versanfang einerseits scriptio defectiva, andererseits scriptio plena.
[2] G. Fohrer, KAT XVI, 1963, 242.
[3] Vgl. dazu R. Meyer, Hebräische Grammatik I, SG 763/763a, 1952², 67.
[4] Mit G. Fohrer a. a. O. 150.

schaffenen sehen's und freuen sich«, so heißt es dort, in einem Punkte synonym variiert, »Die Gerechten sehen's und freuen sich«. Die Parallelität ist am Tage.

Berühren sich, wie erwiesen, die Schlußverse von Ps 107,33—43, genauer gesagt v. 40—42, vielfach mit Hiobbuchstellen, so korrespondieren die einleitenden Zeilen kaum weniger eindrucksvoll mit deuterojesajanischen Sätzen. Ps 107,33a hat in der Verkündigung des genannten Propheten Parallelen: beispielsweise in Jes 42,15b[5] und 44,27. Vor allem frappiert die Übereinstimmung zwischen dem hymnischen Halbvers Ps 107,33a (»Er macht Ströme zur Wüste«) und dem prophetisch vermittelten Jahwewort Jes 50,2b (»Ich mache Ströme zur Wüste«). — Auch Gottes gegenläufiges Umwandeln kommt hier und dort identisch zur Sprache: Der parallelismus membrorum von Ps 107,35 verlautet genauso bei Deuterojesaja, Jes 41,18b.

Interpretiert man die Berührungspunkte, so scheint es ratsam zu sein, mit den *zunächst* erhobenen zu beginnen: mit denjenigen also, die sich in der Relation zu Hiobbuchtexten herausstellten. Bei ihnen läßt es sich ausschließen, daß sie aus einer Abhängigkeit, die auf seiten der Hiobbuchstellen bestünde, resultieren. Denn es will berücksichtigt werden, daß diese Stellen nicht alle zur *ursprünglichen* Hiobdichtung gehören. Einer der betroffenen Texte, der Hymnus Hi 12,12—25, ist — nota bene — gesondert entstanden. Wie sollten sowohl er als auch die zum primären Bestande gehörenden Textstellen (Hi 5,11a.16b; 22,19a) just bei denselben drei Psalmversen (107,40—42) Anleihen aufgenommen haben? Wie sollten sie das, wenn sie doch separat gedichtet worden sind? — Hat es nicht viel mehr für sich, die Abhängigkeit auf seiten des Psalmstücks zu suchen[6]? Aus dem durch Hi 12,12—25 erweiterten Hiobbuchtext konnte der Dichter des Schlußstücks von Ps 107 alle die Elemente entnehmen, die in 107,40—42 ein neues, aber doch nahe verwandtes Gedankengefüge erstellen. — Spielt man diese Erklärung im einzelnen durch, so hätte der Psalmdichter aus den parallelisierenden Versen Hi 12,21ff. die Vershälften 21a und 24b zu einem neuen parallelismus membrorum zusammengezogen (Ps 107,40). Er hätte das in Hi 5,11 umschriebene Motiv von der Erhöhung des Niedrigen erzählerisch transformiert (Ps 107,41a), sich der in Hi 22,19 gebrauchten Phrase zur Ermutigung der Rechtschaffenen bedient (Ps 107,42a) und eine Vermahnung der Schlechten angeschlossen (Ps 107,42b). Was er hierzu aus Hi 5,16b rezipiert hätte, wäre in einer erleichternden Lesart übernommen. — In summa eine plausible Erklärung! Das Schlußstück des

---

[5] Emendiert, wie in BHS vorgeschlagen.
[6] Das tertium, die Berührungspunkte aus einer Wurzelverwandtschaft zwischen diesem Psalmstück und den Hiobbuchtexten herzuleiten, dürfte — bei der Art, in der sich die Dinge berühren — praktisch wohl nicht in Betracht kommen.

Psalms 107 ist eher vom erweiterten Hiobbuch abhängig als umgekehrt dieses von jenem!

Ist das richtig, so scheidet[7] a limine aus, Deuterojesaja, der Prophet des babylonischen Exils, könnte von Versen des Psalmschlusses angeregt worden sein. Ist diese Psalmdichtung vom erweiterten Hiobbuch abhängig, so ist sie sehr lange *nach* der Verkündigung Deuterojesajas entstanden[8]. Somit kann nur das Psalmstück von der deuterojesajanischen Prophetie, nicht aber diese von jenem, beeinflußt gewesen sein. Die Punkte, in denen sich beide berühren, resultieren mithin aus der Abhängigkeit unseres Psalmdichters.

Welcher Art diese ist, läßt sich nicht sicher entscheiden. An sich geht aus dem nachdeuterojesajanischen Wort Jes 35,7[9] hervor, daß die Motive des göttlichen Umwandelns in der Natur auch noch in der auf Deuterojesaja folgenden Prophetie lebendig geblieben sind. Sollte dann der Verfasser des Schlußstücks von Ps 107 nicht direkt auf die literarische Hinterlassenschaft jenes Propheten zurückgegriffen haben, sondern auf eine von ihm herkommende prophetische Tradition? Sollten vereinzelte Formulierungsdifferenzen (wie etwa die zwischen Jes 50,2b und Ps 107,33a, die im Gebrauch oder Nichtgebrauch der Präposition l^e besteht) Hinweise auf einen bloß mittelbaren Rückbezug sein? Man wird nicht den Mut haben können, diese Fragen zu bejahen. Denn einerseits sind derlei Formulierungsdifferenzen unter der Voraussetzung einer auch nur einigermaßen freien Reproduktionsweise bereits erklärlich genug. Andererseits ist die Art, in der Ps 107,35 den Halbvers Jes 41,18b wiedergibt, in einem Maße genau, welches eher direkten Bezügen auf deuterojesajanisches Textgut entspricht als solchen bloß indirekter, traditionsgeschichtlicher Art[10].

Wie dem auch sei, man wird nun festhalten können: In Ps 107,33ff. sind Anleihen aus zwei verschiedenen Bereichen verarbeitet: 1. aus dem erweiterten Hiobbuch, 2. aus deuterojesajanischer Tradition. – Literaturgeschichtlich gesehen ist klar, daß der Autor jenes Psalmgedichts bald nach der Ergänzung des Hiobbuches, welche spätestens im Lauf des 3. Jh. v. Chr. erfolgte[11], am Werk gewesen sein muß. Indes, er hat diesem Buch nicht bloß zeitlich nahegestanden; er war ihm auch geistesverwandt. Er, der vom Leitbild des Weisen Bestimmte (v. 43), ist fraglos selber ein Weiser[12], gehört also dem weisheitlichen Traditionsmilieu an, dem auch die Hiob-

---

[7] Die Einheit des Schlußstücks vorausgesetzt, wogegen ja auch nichts spricht.
[8] Näheres zum Zeitansatz, zusammengefaßt, unter Ziff. 6.2.
[9] Zu seiner Einordnung siehe O. Kaiser, ATD 18, 1973, 286. Vgl. weiterhin Jes 32,15, dazuhin Kaiser a. a. O. 263f.
[10] Eine Formel anzunehmen, wird nicht gerechtfertigt sein. Gegen R. C. Culley a. a. O. 88 (»Formel« 165).
[11] Mit G. Fohrer a. a. O. 42.
[12] Vgl. dazu auch, was unter Ziff. 2.2 ausgeführt worden ist.

dichtung entstammt. Daß er sich dieser bewußt und resolut bediente, ist somit bestens erklärt. Das von ihm geschaffene Psalmgedicht, das offensichtlich zum Spätesten im Alten Testament gehört, stützt dann aber auch die für die spätjüdische Psalmendichtung vertretene These, sie habe in der Hand der Weisen gelegen[13]. — Andererseits paßt genauso ins Bild, daß der weise Verfasser des Psalmstücks zugleich an prophetische Überlieferung anknüpfte. Die Weisen, die die spätjüdischen Psalmen verfaßt haben, griffen gleicherweise auf die Traditionen der Propheten, vor allem der Heilspropheten, zurück[14]. Auch bei ihnen geht die Erforschung der überkommenen Weisheit mit der prophetischen Schrifttums zusammen (Jes Sir 39,1). Die Verbindung ist, bei Lichte besehen, nicht erst spätjüdisch zustandegekommen. Sie deutet sich schon in nachexilischen Stellen innerhalb des Alten Testamentes an: Der Weise etwa, der sich am Schluß des Hoseabuches mit einer Ps 107,43 verblüffend ähnlichen Frage zu Wort meldet (Hos 14,10), ist ebenfalls schon mit prophetischer Überlieferung befaßt. Der Grund hierfür scheint im Selbstverständnis dieser Weisen zu liegen: Sie verstanden sich offenbar »als die berufenen Nachfolger der Propheten«[15]. Was Wunder, daß sie bemüht waren, aufbauend auf den Worten dieser »Vorgänger«, auf den Traditionen der Propheten, nun selber weiterzuwirken! Ist es nicht von daher gesehen klar, wie sich in Ps 107,33ff. just weisheitliche und prophetische Elemente zu einer Einheit verbanden? Was sich in unserer Sicht unterscheidet und heterogen darstellt, das ist dem weisheitlichen Psalmenautor in *einer* Perspektive erschienen. Er hat die Dinge wahrscheinlich wie Jes Sir gesehen, der nur ein klein wenig später — um die Wende vom 3. zum 2. Jh. — Hiob, den anerkannten Weisen, als einen der großen Propheten verstand (49,9)[16]. — Die Aufgabe, die im Schlußstück des Psalms 107 erhobenen Berührungspunkte trotz ihrer so verschiedenen Bezüge zu deuten, ist nachgerade gelöst.

3.2. Berührungspunkte lassen sich auch in den ersten drei der vier *Psalmstrophen* feststellen. Besonders handgreiflich ist, daß der Schlußvers der II. Strophe, v. 16, mit Jes 45,2b, einer Zusage des Kyros-Orakels, übereinstimmt. Lobpreist Ps 107,16, von Jahwe in der 3. pers. sprechend, »Ja, er zerbrach eherne Tore, und eiserne Riegel schlug er ab«, so sagt Jahwe nach Deuterojesaja, Wort für Wort gleich, nur eben in Ich-Stil gekleidet, »Eherne Tore zerbreche ich, und eiserne Riegel schlage ich ab«. Ein unbestreitbarer Berührungspunkt!

---

[13] Sie wurde von H. Ludin Jansen vertreten: Die spätjüdische Psalmendichtung. Ihr Entstehungskreis und ihr »Sitz im Leben«, SNVAO. HF, 1937, Nr. 3, besonders 49ff.
[14] Zu allen Einzelheiten vgl. H. L. Jansen a. a. O. 59f. 75ff. 145.
[15] H. L. Jansen a. a. O. 60.
[16] Die LXX hat hier ihre Vorlage mißdeutet. Vgl. V. Ryssel in: E. Kautzsch (Hg.), Die Apokryphen und Pseudepigraphen des Alten Textaments, I 1900, Nachdruck 1962, 466, Anm. g. Siehe im übrigen noch einmal H. L. Jansen a. a. O. 76.

Er ist darum unbestreitbar und echt, weil überlieferungsgeschichtliche Wurzelverwandtschaft als Erklärung nicht in Betracht kommt. Man könnte versucht sein zu argumentieren, es möchten hier letztlich Elemente aus alter, verbreiteter Königsorakeltradition zugrundegelegen haben. Indes, der Autor der II. Strophe ist nicht — an der in Frage stehenden deuterojesajanischen Bezeugung eines solchen Orakelstückes vorbei — direkt auf die überlieferungsgeschichtlichen Ausgangspunkte zurückgegangen, berührt er sich doch auch sonst, mehr als einmal sogar, mit Passagen des Zweiten Jesajabuches:

So geht es um die Herausführung derer, die im Finstern, die gefangen sind, sowohl in Ps 107,10.14 als auch in Jes 49,9. Die Wendung $jo\check{s}^eb\hat{e}$ $ho\check{s}æk$ (107,10) entspricht $^a\check{s}ær\ b\check{a}ho\check{s}æk$ (49,9), $^a s\hat{i}r\hat{e}$ (107,10) den $^a s\hat{u}r\hat{i}m$ (von 49,9), das hiph. von $j\mathfrak{s}'$ (107,14) dem imp. von $j\mathfrak{s}'$ (49,9). Und noch frappanter ist die Entsprechung zwischen den eben zitierten Psalmversen und Jes 42,7: Hier und dort — und zwar bemerkenswerterweise *nur* hier und dort! — findet sich die Wendung $jo\check{s}^eb\hat{e}$ $ho\check{s}æk$, wird dazuhin parallelisierend ein Nomen von der Wurzel 'sr angewandt, wird überdies mit dem hiph. des Verbums $j\mathfrak{s}'$ formuliert. So läßt sich getrost resümieren, die II. Strophe des Psalms berühre sich nicht nur einmal, sondern mehrfach und sehr intensiv mit dem zweiten Jesajabuchteil.

Trägt man dem Umstande Rechnung, daß $ho\check{s}æk$ in Ps 107,10.14, anders als in den prophetischen Parallelen, mit dem Worte $\mathfrak{s}\check{a}lmawæt$ gepaart ist, dann ist ergänzend zu sagen, daß ebendieses Wortpaar, unmittelbar zusammengekoppelt, von der vorliegenden Psalmstrophe abgesehen nur noch im Hiobbuchtexte erscheint, dort aber bemerkenswerterweise gleich mehrfach (3,5; 10,21; negiert 34,22). Läßt dies bereits an einen Zusammenhang mit der Dichtung des Hiobbuches denken, so gibt 107,10 gleich noch ein zweites Mal zu diesem Gedanken Anlaß: Denn jener Psalmvers spricht, wiederum von seiner prophetischen Parallele abweichend, nicht einfach von »Gebundenen«, sondern von »im Leiden[17] Gebundenen«. Das aber hat nirgendwo anders als in Hi 36,8, wo von »Banden des Leidens[18]« die Rede ist, eine echte Entsprechung. Diese ist um so echter, als sie in eine weitreichende Verwandtschaft der jeweiligen Kontexte eingebettet ist[19]. Zu allem hin berührt sich Ps 107,10—11 recht substantiell mit weisheitlicher Hiobbuchdichtung: Denn, wenn die Psalmverse die Überzeugung ausdrücken, wer im Finstern wohne, habe dies

---

[17] Oder ist das zugrundeliegende Wort $^a n\hat{i}$ mit D. Winton Thomas (JThS 16, 1965, 444 f.) im Sinne von »Gefangenschaft« zu deuten? Ich glaube Gründe zu sehen, die dem widerraten. Siehe unten S. 42, Anm. 42, dazuhin S. 41, Anm. 40.

[18] Oder von »Stricken der Gefangenschaft«? Siehe die vorige Anmerkung! Wie immer man die zugrundeliegende hebräische Vokabel auch deutet, an der Korrespondenz zwischen Ps 107,10 und Hi 36,8 ändert sich jedenfalls nichts.

[19] Dies soll aus Gründen der Ökonomie erst in Ziff. 4.2 aufgezeigt werden.

durch Verwerfung des göttlichen »Planes« (*ʿeṣā*) selber verschuldet, so entspricht dies frappant dem in Hi 38,2 geäußerten Gedanken, Gottes »Plan« (*ʿeṣā*) werde durch des Menschen Widerspruch in Finsternis verkehrt (hiph. von *ḥšk*). Dann aber ist festzustellen, daß sich diese II. Psalmstrophe nicht nur mit mehreren Stellen des zweiten Jesajabuchteiles berührt, sondern auch mit solchen der (die Elihu-Reden einschließenden) Hiobbuchdichtung.

Die *Deutung* der Sachlage korrespondiert der beim Schlußstück des Psalms: Denn die Annahme hat wenig für sich, die deuterojesajanische Prophetie und die Hiobbuchdichtung seien von dieser Psalmstrophe abhängig; sie hätten, voneinander ganz unabhängig, jeweils die einen oder die anderen Elemente aus der Psalmstrophe heraus abstrahiert. Näher liegt die entgegengesetzte Annahme, bei der Abfassung der Psalmstrophe habe sich eine Krasis von Einflüssen aus dem Zweiten Jesaja- und dem Hiobbuche vollzogen. Es spricht ja auch alles dafür, daß das Wort vom Zerbrechen eherner Tore und eiserner Riegel in dem dem Eroberer(!) Kyros gegebenen Orakel ursprünglicher als in unserer Psalmstrophe ist. Zwangsläufig ist dann zu folgern, auch diese strophische Psalmdichtung sei, vom Zweiten Jesaja- und dem Hiobbuch (in seiner die Reden Elihus einschließenden Fassung[20]) abhängig, spätnachexilisch entstanden.

Die Art, in der prophetisches Schrifttum gebraucht wird, entspricht offensichtlich der, die am Schlußstück des Psalms zu beobachten war. Hingegen kann man sich fragen, ob nicht die Rezeption der »Hiobbuchelemente« im Falle der II. Psalmstrophe lockerer und freier anmutet als jenes nahezu schriftgelehrte Zitieren im Schlußpassus des 107. Psalms. Der Dichter der II. Strophe hat sich, wie es scheint, bewußt und gewollt an prophetisches Schrifttum gehalten; er war andererseits, einfach deshalb, weil er wie die Hiobbuchdichtung selbst im weisheitlichen Traditionsmilieu beheimatet war, auch dessen sprachlichen und gedanklichen Einwirkungen ausgesetzt. So eingeordnet wäre die Krasis prophetischer und weisheitlicher Elemente relativ zwanglos erklärt.

3.3. Indizien sprechen dafür, daß die Dinge in Strophe III nicht grundsätzlich anders liegen. Vielleicht könnte Erwähnung verdienen (nur vielleicht!), daß die Art, in welcher v. 17 verschuldetes Krankheitsleiden anspricht, zu einem Teil an Ausdrucksformen erinnert, die im Gottesknechtslied Jes 52,13–53,12 gebraucht sind, genauer gesagt in 53,4–7. Greifbarer ist, daß die fast hypostasierende Vorstellung von Jahwes Wort als einem quasi selbständigen, zur Vollführung der Hilfe Gottes entsandten Wesen (Ps 107,20) außer in Ps 147,18 gerade auch in der Verkündigung Deuterojesajas verlautet (Jes 55,11). – Andererseits kommt dem in Ps 107,18 verwendeten Motiv von den die Nahrung verabscheuenden Kranken just Hi 33,20, ein Vers aus einer Elihu-Rede, am nächsten. Auch die im selben Psalmvers gebrauchte Wendung »Pforten des

---

[20] Vgl. etwa G. Fohrer a. a. O. 40 f.

Todes« ist, abgesehen von Ps 9,14, nur noch im Hiobbuch wiederzufinden (38,17). (Und schließlich bedürfte es keines besonderen Nachweises, daß die der Strophe vorangestellte Charakterisierung »Toren« [$^{ʾae}wilîm$], gegen die textkritisch[!] gesehen nichts Durchschlagendes eingewandt werden kann, primär »in den Kreisen der Weisheit benutzt wurde«[21]. Die der Denkweise von Ps 107,17 wahrscheinlich am nächsten kommenden Sätze, Spr 5,21–23 zum einen und Hi 5,2–3 zum andern, gehören bezeichnenderweise zur jüngeren israelitischen Weisheit.)

Nur eine einzige *Deutung* dieser Sachlage kann ernstlich in Frage kommen: Die Vorstellung in Ps 107,20 von dem wie ein Bote entsandten göttlichen Wort ist in diesem psalmischen Kontext sowenig wie in Ps 147,18 ursprünglich, sondern geht, auf die eine oder andere Weise, auf die Verkündigung des Propheten Deuterojesaja zurück[22]. Andererseits ist nicht weniger klar, daß, wo sich die Strophe mit israelitischer Weisheit berührt, die Abhängigkeit auf seiten des Psalmdichters liegt. Der Rückgriff auf die spätere Prophetie und die Weisheit der nachexilischen Zeit kennzeichnet also die III. wie die II. Strophe.

3.4. Auch Strophe I fügt sich in das bisherige Bild ein. Käme in ihr die allgemeine Überzeugung zum Ausdruck, Jahwe wehre dem Hunger, gäbe Speise zu seiner Zeit, erschlösse wundersam Brot vom Himmel und Wasser aus dem Felsen, so wäre dies hinlänglich aus hymnischen Motiven erklärbar (Ps 33,19; 105,40–41; 145,15–16; 146,7). Indes, die Strophe umschreibt eine profiliertere Rettungserfahrung: Sie dreht sich um eine Rettertat Gottes, durch die, wer den Weg verfehlt und in Not kommt, auf ihn zurückgebracht wird. Dieses auf den rechten Weg zurückbringende Gotteshandeln ist in einer wenig belegten Ausdrucksweise umschrieben: in einer aus dem suffigierten hiph. von *dᵃræk* und der Wendung *bᵉdæræk* gebildeten figura etymologica (Ps 107,7). Bemerkenswerterweise finden sich Ausdrucksweise und Ausgedrücktes entsprechend nur noch in Texten des Propheten Deuterojesaja (Jes 48,17b; 42,16)[23]. Ansonsten kommen just Formulierungen der Weisheit am nächsten, vornehmlich Spr 4,11. Auch was das Motiv des rechten, des geraden Wegs anbelangt, das in 107,7 mit im Spiel ist, häufen sich gerade in der Sprache der Weisheit die Entsprechungen. Verwiesen sei außer auf Spr 4,11 etwa auf Spr 2,13; 12,15; 14,12 oder 16,25. Prophetisches Gut aus dem Zweiten Jesajabuch und weisheitliche Elemente korrespondieren in trautem Verein dem Psalmvers 107,7. – Nicht weniger beachtenswert ist, daß das komplementäre Motiv des Abirrens vom rechten Weg, artikuliert durch die Wurzel *taʿā*,

---

[21] H. Cazelles, in: ThWAT, I 1973, 149. Vgl. allerdings unten S. 48, Anm. 79 und S. 51, Anm. 93.
[22] Vgl. O. Grether, Name und Wort Gottes im Alten Testament, BZAW 64, 1934, 133–135.
[23] In Spr 4,11 ist nicht Jahwe, sondern der weise Lehrer Subjekt.

sich, dem Vers 107,4 analog, nur eben wieder Jes 53,6 und Spr 7,25; 21,16 sowie im weisheitlich geprägten Psalmvers 119,176 findet[24].

Andererseits: daß Ps 107,4ff Verirrung und Zurechtbringung gerade in der Wüste situiert, wird mit Jes 43,19 und 48,21 wenig oder gar nichts zu tun haben, vielmehr (vordergründig gesehen!) durch den Gedanken an das Geschick einer Karawane bestimmt sein, wie er ähnlich, freilich zu anderem Behuf, auch in der Hiobdichtung erscheint (Hi 6,18ff.).

Was endlich die Ausdrucksformen in Ps 107,9 anbelangt, in denen die Folge der Zurechtbringung, die Sättigung der Hungernden und Dürstenden, hymnisch gefeiert wird, so erklärt sich natürlich das Verbum *hiśbî͑ac* als ein Element der hymnischen Sprache (Ps 105,40; 145,16). Es ist aber beachtenswert, daß die Rede von der »ausgedörrten Kehle« des Durstigen nur noch ein einziges Mal und zwar in Jes 29,8, einem nachjesajanischen Verse, verlautet[25], das Wort von der Sättigung einer Seele in der Dürre in Jes 58,11, einer tritojesajanischen Stelle, auftaucht, die mit *mille'* formulierende Phrase von der Sättigung verschmachtender Seelen in Jer 31,25, einem dort nachgetragenen Stücke[26], erscheint, der Ausdruck *næpæš r͑ecebā* andererseits nur noch in sapientialer Überlieferung, in Spr 27,7, vorkommt und die Kombination von *mille'* und *ṭôb* auffallenderweise in der weisheitlichen Hiobbuchdichtung (22,18).

Mag die eine oder andere Übereinstimmung nicht so sehr aus der Abhängigkeit der einen von der anderen Seite, sondern aus der gemeinsamen Teilhabe an bestimmten Sprachtraditionen resultieren, so ist doch aufs ganze gesehen wahrscheinlich, daß Strophe I – den Strophen II und III nicht unähnlich – unter dem Eindruck deuterojesajanischer oder anderer späterer Prophetie, dazuhin gewiß unter dem Einfluß weisheitlicher Elemente, konzipiert worden ist. – Rückbezüge in der Massivität von Zitaten ließen sich freilich nicht finden; auch dies verdient festgehalten zu werden.

3.5. Ein anderes Bild ergibt sich bei Strophe IV. Mit prophetischem Textgut berührt sie sich überhaupt nicht. Eher schon steht sie Weisheitlichem nahe. Ein Fall für sich ist, daß Verse, die Jahwes souveränes Umspringen mit dem Meere herausstellen, sich aus einem besondern Überlieferungsstrom speisen, der in seinen frühen Etappen nicht zuletzt auch in Psalmen hervortritt, z. B. in Ps 29,3.10; 74,13–15; 77,17; 89,10–11.26 oder 93,1–4. Was jedoch das für die Strophe so wichtige Motiv der Seenot anlangt, in welche Geschäftsreisende geraten, so ist bemerkenswerterweise

---

[24] Jes 35,8 wird, da möglicherweise textlich unsicher, nicht angeführt, würde aber ansonsten ins Bild passen. In den Ez-Belegen ist das Moment des Weges zu wenig bewußt, das Abirren direkt auf Jahwe bezogen. Entsprechendes ist von Ps 119,110 zu sagen. Vgl. im einzelnen S. Mandelkern a. a. O. I, 1250.

[25] Zur Ortung vgl. O. Kaiser a. a. O. 210–212.

[26] Vgl. W. Rudolph, HAT I 12, 1958², 182.

eine Herleitung aus *den* Psalmen, die dafür am ehesten in Betracht kommen könnten, aus den Klage- und Dankliedern der einzelnen, unmöglich. Was dort von andringenden Wassern gesagt wird, ist von so anderer Art[27], daß es als Ausgangspunkt für die Erzählung der vorliegenden Strophe schwerlich in Betracht kommen kann. Stattdessen kommt weisheitliche Abkunft in Frage: In Spr 31,14 ist das Motiv von Kaufleuten, die über das weite Meer fahren, sprichwörtlich-vergleichsweise berührt. Der Zahlenspruch Spr 30,18–19 rechnet »des Schiffes Weg auf hoher See« zu den wunderbar-unbegreiflichen Dingen und zeigt damit, daß diese Materie speziell die israelitischen Weisen reizte. Noch deutlicher stellt sich ebendieses in späterer weisheitlicher Psalmendichtung heraus, so in der apokryphen Jes Sir-Stelle 43,24.25: »Die auf dem Meere fahren, erzählen von seiner Ausdehnung; wenn wir's mit unseren Ohren hören, werden wir starr von Erstaunen. Dort gibt es Wunderdinge« usw.[28] Hier ist es vollends mit Händen zu greifen: für derlei interessieren sich eben die Weisen! Innerhalb des alttestamentlichen Kanons nimmt schließlich auch Spr 23,34 (nebenbei gesagt, wieder vergleichsweise) auf eines Menschen Seenot Bezug. In summa erscheint die Annahme gerechtfertigt, hier, in den Texten der antikisraelitischen Weisheit, steckten noch am ehesten die Ansätze, die in der uns vorliegenden Strophe in anschaulich-dramatischer Erzählung ausgezogen worden sind.

Ergo: Zwar Affinitäten zur weisheitlichen Tradition und insofern die gleiche Sachlage bei der IV. wie bei der I. bis III. Strophe! Im Unterschied zu diesen hingegen keine Berührung mit irgendwelchem prophetischen Schrifttum, weder im ganzen noch im Detail, und insofern unübersehbar eine Sonderstellung der IV. Strophe! Sie kommt noch zu den Besonderheiten hinzu, die bei IV bereits ausgemacht wurden[29]. Noch mehr Anlaß nach allem, die Frage der Einheitlichkeit unseres Psalms zu verfolgen[30]! – Zunächst aber noch die übrigen überlieferungsgeschichtlichen Ortungen (bei v. 2–3 und v. 1)!

3.6. Womit berührt sich das Einleitungsstück 107,2–3? Zugrundeliegt ihm vor allem das Motiv der Sammlung der »Erlösten Jahwes« »aus den Ländern ..., aus Osten und aus Westen, aus Norden und vom Meer her«. Sieht man von Einzelheiten der Formulierung ab, so findet sich die Substanz des Motivs, meist in die Form einer Zusage oder Erwartung gegossen, im exilisch-nachexilischen Schrifttum, vornehmlich in solchem

---

[27] Vgl. Ps 18,5.17; 40,3; 42,8; 69,2.3.15.16, aber auch Jon 2,3–7 und dazu O. Keel, Feinde und Gottesleugner, SBM 7, 1969, 73f.
[28] Zitiert nach E. Kautzsch (Hg.), Die Apokryphen und Pseudepigraphen des Alten Testaments, I 1900, Nachdruck 1962, 448.
[29] Zur Erinnerung: vgl. oben Ziff. 2.3.
[30] Siehe unten Ziff. 5, insbesondere Ziff. 5.4.

prophetischer Art wieder³¹. Dies läßt prima vista vermuten, auch Ps 107,2−3 habe *hier* seinen Anknüpfungspunkt.

Zieht man die Details der Ausformung mit in Betracht, so läßt sich der Punkt noch näherbestimmen, an den der Verfasser der Psalmverse angeknüpft hat. In der Art und Weise, in der er den Bereich umschreibt, aus welchem Jahwe herausführt und sammelt, steht er keiner prophetischen Überlieferung so nahe wie der des Zweiten Jesaja: Die Sammlung erfolgt nicht »aus den Völkern« (so Ez 11,17), nicht »aus den Heiden« (so Ps 106,47; I Chr 16,35), nicht »aus allen den Heiden« (so Jer 29,14), auch nicht »aus der Umgebung« *(missabîb)* (so Ez 37,21), nicht »aus den Ländern ihrer Feinde« (so Ez 39,27), nicht »aus den Ländern« im allgemeinen (so Ez 11,17), nicht »aus allen den Ländern« (so Jer 23,3; 32,37 und Ez 36,24). Der Autor der Psalmverse spricht von jener Sammlung auch nicht, ohne das Woher der Gesammelten zu umschreiben (letzteres ist in Jes 40,11; 54,7 und 56,8 der Fall). Er sagt auch nicht: »von den vier Rändern der Erde« (so Jes 11,12) oder »von den vier Winden des Himmels« (so Sach 2,10). In seiner Wortwahl steht er vielmehr Jes 43,1−7, insbesondere 43,5, sehr nahe. Jahwe führt heim und sammelt »aus Osten« »und aus Westen« (Jes 43,5). Hier wie dort erscheinen völlig identisch *mimmizraḥ/ûmimma ͨrab,* dazuhin ein suffigiertes pi. von *qbṣ*! Überdies wird, unmittelbar benachbart, der »Norden« *(ṣapôn)* apostrophiert (Jes 43,6). Ein Zusammenhang mit dem deuterojesajanischen Textstück ist um so mehr anzunehmen, als das »Sammeln« »aus Osten« »und Westen« − genauso wie in Ps 107,2.3! − ausdrücklich als Jahwes »Erlösen« *(g'l)* eingeführt wird (man vergleiche Jes 43,1 mit Ps 107,2!). Gottes Erlösen (im Grunde = Wiederherstellen³²) vollzieht sich sowohl nach dem Propheten Deuterojesaja als auch nach dem Dichter der einleitenden Psalmverse bis in die Einzelheiten hinein völlig gleich im Sammeln aus besagten Richtungen.

Zieht man den Umstand mit ins Kalkül, daß der Psalmist statt wie zu erwarten »aus Norden und Süden« »aus Norden und vom Meer her« die Sammlung stattfinden läßt, so stellt sich ein weiterer Berührungspunkt mit deuterojesajanischer Wortwahl heraus: Denn jener namentlich unbekannte Prophet des Exils erwartet nach Jes 49,12 die endliche Sammlung auch just

---

31 Vgl. Jes 11,12 (ein Heilswort wahrscheinlich spätnachexilischer Entstehung); Jes 40,11; 43,5.6; 49,18.22; 54,7 (allesamt Worte des Exilspropheten Deuterojesaja); Jes 56,8 (tritojesajanisch-nachexilisch); Jer 23,3 (ebenfalls nachexilisch); 29,14 (spätnachexilischer Zusatz); 31,7.10; 32,37 (Teil einer späteren Hinzufügung); überdies die exilischen Prophetenstellen Ez 11,17; 20,34.41; 34,13; 36,24; 37,21; 39,27 sowie Zeph 3,19.20 (aus der Spätzeit des Diaspora-Judentums stammend), nicht zuletzt Sach 2,10 und 10,8ff. (nachexilische Prophetenworte), fernerhin die sämtlich späten Textstellen nichtprophetischer Art Dtn 30,3f. und Ps 106,47 (I Chr 16,35).

32 Gemäß der von Jepsen und Ringgren vermuteten Grundbedeutung: A. Jepsen, Die Begriffe des »Erlösens« im AT, in: FS für R. Hermann, 1957, 153−163; H. Ringgren, גאל, in: ThWAT, I 1973 (884−890) 885.

miṣṣapôn ûmijjam! Reißt in Jes 43,5 die Kette der mit *min-* konstruierten Himmelsrichtungen schon nach den ersten beiden Gliedern ab *(mimmizraḥ/ ûmimmaʿªrab)*[33], so finden sich in 49,12 die beiden korrespondierenden Glieder[34], genauso mit *min-* konstruiert. Es will, ganz vorläufig gesagt, den Anschein haben, als sei, was sich im deuterojesajanischen Text im Duktus genau entspricht, vom Autor unserer Psalmverse aus jenen beiden Gewährsstellen komplementär zusammengezogen.

Noch eine andere Recherche spricht für den Konnex zwischen Ps 107,2–3 und dem Zweiten Jesajabuch: Eine Rückführung und Sammlung aus Norden bzw. aus Norden und allen anderen Ländern oder Enden der Erde, wird an sich ja von verschiedenen Propheten erwartet: in Jes 49,12, in Jer 3,18; 16,15; 31,7, aber auch in Ez 39,2. Indes, diese Sachparallelen unterscheiden sich — mit einer einzigen Ausnahme! — in dieser oder jener Beziehung von der Fassung des Motivs im Eingang von Ps 107. Alle Parallelen, nur eben Jes 49,12 nicht, heben die Rückführung gerade aus dem Norden hervor (Jer 16,15 und 31,7) oder sprechen sogar von einer Sammlung ausschließlich von dort (Jer 3,18 und Ez 39,2). Nur eben die deuterojesajanische Parallelstelle (49,12) erwähnt, Ps 107,3 entsprechend, verschiedene Himmelsrichtungen gleichermaßen. Zudem haben diese beiden Stellen, verglichen mit Jer 16,15 und 31,7, noch gemeinsam, daß sie — beide in gleicher Weise! — nicht *meʾæræṣ ṣapôn*, sondern *miṣṣapôn* formulieren. Es ist also, alles zusammengenommen, wohl sicher, daß ein Zusammenhang zwischen unserer Psalmstelle und deuterojesajanischem Textgut besteht.

Der Umstand, daß das Verbum *gaʾal* zur Umschreibung des rettenden Sammelns in den Psalmpassus mit eingeflossen ist (107,2), bestärkt noch in diesem Eindruck. Denn es ist eine bekannte Tatsache, daß jenes Verbum, auf Jahwe als (logisches) Subjekt bezogen, beim Propheten Deuterojesaja besonders häufig begegnet[35].

Auch die status constructus-Verbindung *geʾûlê jhwh* (»die Erlösten Jahwes«) (Ps 107,2a) könnte mit der Sprache des Zweiten Jesaja, mit der das Psalmwort auch sonst sich berührt, im Zusammenhang gesehen werden. Immerhin hat der genannte Prophet die vorzeiten Befreiten[36] fast gleichlautend mit dem Wort *geʾûlîm* umschrieben (Jes 51,10). — Indes, die Entscheidung, ob tatsächlich diese Passage das Gegenstück zu Ps 107,2 ist, fällt schwer. Denn ein Wort aus dem dritten Jesajabuchteil, Kap. 62,10–12, steht unserer Psalmstelle wohl näher. Nicht nur, daß hier

---

[33] Die restlichen Himmelsrichtungen, Norden und Süden, sind, mit der Präposition *le* versehen, als Adressaten der Jahwe-Anrede genannt, formal gesehen also in einem andersgearteten Duktus.
[34] Geeignet jedenfalls zur Erlangung der Vierzahl der Richtungen.
[35] Vgl. dazu H. Ringgren a. a. O. 889, ergänzend auch S. Mandelkern a. a. O. 244.
[36] Vgl. zum einzelnen C. Westermann, ATD 19, 1966, 195.

die Entsprechung vollkommener ist, insofern völlig gleichlautend $g^e\,\hat{u}l\hat{e}$ *jhwh* formuliert ist (62,12). Auch insofern, als diese Wortfügung zu so etwas wie einer festen Bezeichnung, wie zu einem Titel für diejenigen geworden ist, die zur bislang vereinsamten »Tochter Zion«, zur verlassenen Gottesstadt, deren Verlassensein so beendend, zurückkehren. Auch in Ps 107,2 sind die $g^e\,\hat{u}l\hat{e}$ *jhwh* wie eine durch diesen Namen eindeutig umschriebene Gemeinschaft apostrophiert: Es sind die aus allen Ländern, aus allen Richtungen zur endgültigen Rückkehr zur Mutter Zion Befreiten. Aus der späten, apokalyptischen Fortschreibung der deutero- und tritojesajanischen Erwartung[37] in Jes 35,1–10[38] wird nicht nur die Zählebigkeit und Produktivität des Motivs von den heimkehrenden $g^e\,\hat{u}l\hat{i}m$ ersichtlich, sondern auch, daß sie, zum Zion versammelt, von dauerndem Jubel erfüllt sind (35,10). Möglicherweise[39] geht dieser letztere Zug auf Deuterojesaja zurück (Jes 51,11)[40]. Aber wie dem auch sei, es hat jedenfalls manches für sich, daß die Erwartung, die zum Zion versammelten Jahwe-Erlösten wären des dauernden Jubels voll, schon *vor* jenem Apokalyptiker bestand. Es wäre dann zu vermuten, die Lobpreisung, zu welcher Ps 107,2–3 die $g^e\,\hat{u}l\hat{e}$ *jhwh* animiert, hätte auch ihrerseits eine Entsprechung im Komplex des Jesajabuchs.

Resümee dürfte sein, daß dieses einleitende Psalmstück zu mehreren der Sache nach verwandten Passagen des nach Jesaja benannten Komplexes in engem Zusammenhang steht: zu Jes 43,1–7, speziell zu 43,5 f., überdies zu 49,12, möglicherweise zu 51,10 f., wahrscheinlicher noch zu 62,10–12, vielleicht auch noch zu 35,9 b–10 bzw. seiner überlieferungsgeschichtlichen Vorgabe.

Es ist von vornherein nicht wahrscheinlich, daß alle diese Partien im Komplex des Jesajabuches, je separat, auf ein und dieselbe Psalmstelle zurückgegriffen haben sollten. Wahrscheinlicher ist der umgekehrte Vorgang: Der Dichter des Stücks Ps 107,2–3 hat, im Jesajabuche bewandert, sich an verschiedenen motivlich miteinander verwandten Textstellen orientiert, einzelne Elemente entnommen und zu einem neuen Ganzen verschmolzen, nicht ohne, wie noch zu zeigen sein wird, diesem eine veränderte Ausrichtung zu geben.

Es fehlt nicht an zusätzlichen Anhaltspunkten, die für eine relativ späte Ansetzung *dieses* Psalmdichters sprechen: *Ein* Indiz ist vielleicht in der Machart zu sehen, in der die Verse 2.3 an die bekannte Lobformel *hodû l^e jhwh kî-ṭôb* usw., v. 1, angeknüpft worden sind. Sie ähnelt auffallend der Art, in der I Chr 16,35 an ebendieselbe Lobformel (I Chr 16,34 = Ps 106,1

---

[37] Jes 62,10–12 ist tritojesajanisch im eigentlichen Sinn. Vgl. O. Kaiser, Einleitung in das Alte Testament, 1975³, 247 ff., speziell 249.
[38] Vgl. zum einzelnen O. Kaiser, ATD 18, 1973, 286–290.
[39] Vgl. C. Westermanns Argumentation a. a. O. 196.
[40] Anders hingegen B. Duhm, HK III 1, 1914³, 356.

= 107,1) ein anschließend zu rezitierendes Psalmwort (*hôšîʿenû* usf. = Ps 106,47[41]) angefügt hat. Dient hier ein jussivisches *joʾmᵉrû* als Scharnier, so dort, in diesem eindeutig späten liturgischen Komplex, ein imperativisches, sonst aber sinngleiches *wᵉʾimrû*. Diese der Spätzeit entstammende Art, ursprünglich nicht aufeinanderfolgende, für den psalmischen Vortrag bestimmte Stücke (Ps 106,1.47) unmittelbar zu verbinden, könnte (zumal, wenn sich noch aufweisen ließe, daß auch in 107,1–3 nachträglich verknüpft worden ist[42]) für eine relativ späte Ansetzung von Ps 107,2–3 sprechen. – Ein *zweites* Indiz in derselben Richtung könnte in dem Umstande stecken, daß der Lobaufruf des Verses 2a in 2b statt mit dem üblichen *kî* mit einem *ʾᵃšær* fortgeführt wird, was als *spätes* Hebräisch gilt[43]. – Wie immer man, was diese Indizien zu leisten vermögen, auch einschätzt, so ist nach allem die Wahrscheinlichkeit jedenfalls nicht geringer geworden, daß der Autor des einleitenden Psalmstücks, zeitlich gesehen, jenen prophetischen Parallelstellen nicht vor-, sondern nachzuordnen ist. Er hat sie als *Vorlage* gehabt, war wohl *nach* Deuterojesaja, ja, gar in fortgeschritteneren Stadien der nachexilischen Ära am Werke.

Es ist nicht zuletzt zu beachten, daß in den Psalmversen das, was bei den Propheten Zusage oder Erwartung der Sammlung der Zerstreuten war[44], zum Gegenstand des Lobpreises geworden ist, so, als sei die Sammlung »aus den Ländern ..., aus Osten und aus Westen, aus Norden und vom Meer her« inzwischen schon fait accompli. Auch diese Neuorientierung des von Hause aus (im wesentlichen) prophetischen Sammlungsmotivs spricht für seine relativ späte Entstehung. Rückwanderungen aus der babylonischen Gola sind gewiß schon vorausgesetzt. Andererseits darf man füglich bezweifeln, daß eine so völlige Rückholung aus sämtlichen Himmelsrichtungen, eine Sammlung aus der Diaspora, wie sie in 107,2–3 ins Auge gefaßt zu sein scheint, als historisch erfüllte Realität tatsächlich je schon erfahren war. Wann sollte in alttestamentlicher Zeit eine Totalheimführung zum Zion faktisch verwirklicht worden sein? Muß man nach allem nicht annehmen, der Autor der Psalmverse 2.3 habe seinen Aufruf zum Lobpreis (»die Erlösten Jahwes sollen sagen ...«) in zweierlei Hinsicht verfaßt: *einerseits,* um auch die Gemeinschaft derer, die letztlich aus der Diaspora (»aus den Ländern«) zum Zion heimkehren sollten, vorsorglich und prinzipiell in die vielfältige Schar der Jahwe-Lobpreisenden einzubeziehen, und *andererseits* im Hinblick auf die tatsächlich (u. a. aus

---

[41] Geringfügige Differenzen in der Textwiedergabe können es nicht zweifelhaft machen, daß es sich um dasselbe Psalmwort handelt.
[42] Vgl. dazu unten Ziff. 5.2.
[43] Vgl. im einzelnen C. Brockelmann, Hebräische Syntax, 1956, 152, §§ 159b. 160b.
[44] Vgl. unter diesem Aspekte noch einmal Jes 11,12; 40,11; 43,5; 54,7; 56,8; Jer 23,3; 29,14; 31,7.10; 32,37; Ez 11,17; 20,34.41; 34,13; 36,24; 37,21; 39,27; Zeph 3,19.20; Sach 2,10; 10,8 u. ö.

Babylonien) bereits heimgekehrten einzelnen (Gruppen), die als »Erstlinge« jener eschatologischen Heimkehrerschaft aufgefaßt werden konnten? Alles bestärkt, um es noch einmal zu sagen, in dem Eindruck, die Psalmverse seien nicht unwesentlich *nach* Deuterojesaja, in vorgerückteren Stadien der nachexilischen Epoche, entstanden.

3.7. Was endlich Ps 107,1 anbelangt, so stellt sich die Frage, womit sich – im Rahmen des alttestamentlichen Schrifttums – dieses Element des Psalmtexts berührt, einigermaßen anders. Vereinzelte Berührungspunkte gibt es mit außerpsalmischen Texten zwar auch[45]: einerseits mit Jer 33,11, einer Erweiterung jeremianischen Gutes aus exilischer Zeit[46], andererseits mit II Chr 20,21. Im übrigen aber findet sich unser Lobruf eigentlich nur noch in *Psalmen*: in 106,1 (reproduziert in I Chr 16,34); in Ps 118,1.29 und 136,1; in Anklängen in Ps 52,11 und 54,8; nicht zuletzt auch in Ps 100,4.5.

Der Sachverhalt ist unschwer zu deuten. Hier handelt es sich um ein in der hymnischen Psalmenüberlieferung beheimatetes, formelhaft gefügtes Element, das immer wieder von neuem zum Zuge gekommen ist[47]. Sein Sitz im Leben[48] scheint namentlich, sicher nicht nur, die Feier des *tôdā*-Opfers im Jerusalemer Kultus gewesen zu sein. Die Psalmverse 50,14.15 in Verbindung mit Jer 33,10.11 sprechen dafür. Hingegen verraten die Psalmen 106 und 136, überdies etwa II Chr 20, daß jener Lobruf auch noch bei anderen Gelegenheiten gebräuchlich gewesen (oder geworden) ist. Insgesamt ist kaum zu bezweifeln, daß er mehr in den Mund der kultisch versammelten Gemeinde (bzw. eines Chores) als in den einzelner Israeliten gehört hat. Die Verse des 100. Psalms sprechen hier eine deutliche Sprache[49]. – Der erwähnten sekundären Jeremiastelle ist zweifelsfrei zu entnehmen, daß der Lobruf *hôdû lᵉjhwh kî-ṭôb* ... schon im Jerusalemer Kult der vorexilischen Ära geläufig gewesen ist, ja, daß er für die dortigen *tôdā*-Feiern der vorexilischen Tage herausragende Bedeutung hatte. Nährt Jer 33,10f. die Hoffnung, man werde gerade auch *diesen* Ruf wieder zu hören bekommen *(ʿôd jiššāmaʿ ...)*, so dokumentiert dies so deutlich, wie man es sich nur wünschen kann, daß er überlieferungsgeschichtlich aus der Zeit vor 587 herrührt. Damit ist zugleich klar, daß dieses relativ alte Element Jerusalemer Hymnentradition – anders als benachbarte Stücke im Kontext des 107. Psalms – von exilischen oder nachexilischen Propheten oder von andersgearteten Spättraditionen nicht abhängig oder beeinflußt

---

[45] Vgl. S. Mandelkern a. a. O. 457.
[46] Zum literarkritischen Aspekt vgl. W. Rudolph, HAT I 12, 1958², 198.199.
[47] Vgl. in diesem Zusammenhang auch K. Koch, »denn seine Güte währet ewiglich«, EvTh 21 (1961), 531–544.
[48] Siehe auch unten Ziff. 6.4.1.
[49] Mit K. Koch a. a. O. 538.

sein kann. – Im Gegenteil zeichnet sich ab, daß eine prophetische Traditionsbildung (eben Jer 33,10f.) gerade auf jenen althergebrachten Lobruf rekurrierte und für dessen Reaktivierung auf ihre Art Sorge trug. Verglichen mit anderen Teilen des 107. Psalms also eine anders geartete Sachlage!

3.8. Faßt man zum Zwecke der überlieferungsgeschichtlichen Ortung der Bestandteile des 107. Psalms zusammen, was sich auf der Suche nach Berührungspunkten mit anderen Textbereichen des Alten Testamentes ergab, so ist folgendes festzuhalten:

3.8.1. Ps 107,1 – überlieferungsgeschichtlich gesehen ein zählebig-vielgebrauchtes, formelhaft festgefügtes Lobelement. Soviel wir erkennen können, primär im *tôdā*-Opferkult des ersten Jerusalemer Tempels gebräuchlich. Demnach, im traditionsgeschichtlichen Sinne, eindeutig vorexilischen Ursprungs. Eine gemeindliche, nicht individuelle Hymnustradition. Weder von prophetischem noch von weisheitlichem Geiste abhängig. Hingegen geht aus Jer 33,10–11 hervor, daß nach 587 prophetischen Kreisen an der Reaktivierung des alten, inzwischen verstummten Lobrufs gelegen war. Aus Ps 106 ist ersichtlich, daß auch anderen darum zu tun war. Am letztgenannten Text wird auch deutlich, in welch hingebungsvollen Bemühungen um das Wiederaufleben dieses prominenten Rufs gerungen worden ist[50]. So leidet es keinen Zweifel, daß dieses aus der hymnischen Tradition offensichtlich herausragende Stück[51] die Zäsur der Katastrophe von 587 überwand[52] und, wie aus Ps 106 zu ersehen[53], neu traditionsbildend werden konnte. – Diesem Sachverhalte entsprechend könnte auch der Lobruf in Ps 107,1 produktiv geworden sein. Aber, wie dem auch sei, der Rahmen ist abgesteckt, innerhalb dessen der Psalmteil v. 1 niedergeschrieben worden sein kann. Wann und wozu dies tatsächlich geschah, läßt sich, wenn der Kontext überschaubarer geworden ist, mit größerer Sicherheit sagen.

3.8.2. Der nächstfolgende Passus, Ps 107,2–3, reicht mit seinen Wurzeln ganz sicher nicht in vorexilische Tage zurück. Er ist erheblich späteren Ursprungs. Denn er weist sprachgeschichtlich gesehen eine Spur des späteren Hebräisch auf[54] und setzt, was noch wichtiger ist, Überlieferungselemente aus dem zweiten und wohl auch dem dritten Jesajabuchteile voraus (Jes 43,1–6, insbesondere 43,5.6, dazuhin 49,12, wahrscheinlich 62,10–12, u. U. 35,9b.10).

---

[50] Vgl. des Verfassers Studie: Der nervus rerum in Psalm 106, ZAW 86 (1974) 50–64, besonders 58 ff.
[51] Vgl. seine Hervorhebung in Jer 33,11.
[52] Dies dokumentieren am deutlichsten die Belegstellen der Chronikbücher: I Chr 16,34.41; II Chr 5,13; 7,3.6; 20,21. Vgl. dazuhin W. Rudolph, HAT I 21, 1955, XV.
[53] Vgl. die in ZAW 86 (1974), 50–64, entwickelte Sicht der Dinge.
[54] Zur Erinnerung: $^{a}šær$ statt $k\hat{\imath}$. Und nebenbei: Ist die Erscheinung des Enjambement (vgl. oben Ziff. 2.1) nicht auch eine Art »Spät-Indiz«?

Der Autor der Psalmverse 2 und 3 stand — das ist überhaupt keine Frage — in der Tradition der nachjesajanischen Prophetie. Überlieferung anderer Art, etwa solche weisheitlicher Prägung, wirkte auf ihn nicht im mindesten ein. — Evident ist sein spätnachexilischer Standort. Wie hätte er sonst Elemente aus ganz verschiedenen Schichten des nach Jesaja benannten Komplexes zusammenzuziehen vermocht? Er hat, indem er an eine Sammlung aus der Diaspora (»aus den Ländern...« v. 3) gedacht hat, wohl auf das Faktum der Rückwanderungen aus Babylonien zurückblicken können. Er ist aber in seinem Denken erheblich weitergegangen, hat eine totale Sammlung aus allen Richtungen des Himmels erwartet, ja, genauer gesagt, vorweggenommen und bereits einen hymnischen Part für die Gesamtheit der Gesammelten, die Schar der »Jahwe-Erlösten«, vorsorglich bereitgestellt. Alles zusammengenommen Indizien genug für eine Ortung der Verse 2—3 in spätnachexilischer Zeit und in den Bahnen nachjesajanischer Prophetie.

3.8.3. Sucht man im Blick auf den strophenartigen Großteil des Psalms das überlieferungsgeschichtliche Fazit zu ziehen, so ist dies zusammengefaßt nur bei drei der vier Strophen möglich: bei I bis III, nicht aber bei IV.

Die Psalmenstrophen I bis III setzen, darin dem voraufgehenden Passus nicht unähnlich, späte Prophetenworte voraus, weit überwiegend solche aus dem zweiten Jesajabuchteil[55]. Strophe I ist in 107,7 an Jes 48,17 und 42,16 orientiert, berührt sich aber auch noch — vielleicht nicht ganz zufällig — im Eingang von 107,4 mit Jes 53,6. Strophe II reproduziert in der abschließenden Zeile, v. 16, eindeutig den Halbvers Jes 45,2b, lehnt sich überdies in der Wortwahl in 107,10.14 sichtlich an Jes 42,7; 49,9 an. Manches von dem, was sich im vorliegenden Falle berührt, kommt signifikanterweise nur eben hier und dort vor. Strophe III spricht ebenso wie Jes 55,11 hypostasierend von dem wie ein Bote entsandten göttlichen Wort. Der, der die Strophen I bis III dichtete, tat dies unter dem prägenden Einfluß der Motive und Diktion des Propheten Deuterojesaja.

Dieses und jenes in Strophe I steht noch mit anderen Stücken relativ später prophetischer Überlieferung im Zusammenhang. So wird man feststellen dürfen, der Autor der ersten drei Strophen habe sich stark vom prophetischen Schrifttum der späteren Zeit beeinflussen lassen und sei, dementsprechend, nicht sehr viel früher als der Urheber der beiden voraufgehenden Verse psalmdichtend am Werke gewesen. Gleichwohl wird er mit letzterem kaum identifiziert werden können. Denn der Dichter der ersten drei Strophen war — anders als der der Verse 2 und 3 — gleichzeitig den sprachlichen und gedanklichen Einwirkungen des weisheitlichen Überlieferungsmilieus ausgesetzt. So berühren sich in Strophe I v. 7 auch mit Spr 4,11; 14,12; 16,25 u. a. sowie der abschließende Stichos 9b auffallen-

---

[55] Vgl. zum Folgenden Ziff. 3.2—3.4.

derweise mit Spr 27,7 und Hi 22,18. In Strophe II vermengt sich ausgeprägt deuterojesajanische Wortwahl mit sprachlichen Elementen der Hiobbuchdichtung. (Man vergleiche Ps 107,10 zum einen mit Hi 3,5; 10,21 und 34,22, zum andern mit Hi 36,8.) Außerdem wirkt in 107,10–11 eine weisheitliche Überzeugung ein, die auch in Hi 38,2 zum Zuge gekommen ist. In Strophe III ist der sapientiale Einschlag mindestens ebenso spürbar: Dem Verse 107,17 kommen Spr 5,21ff. und Hi 5,2f. nahe. Ps 107,18 hat in Hi 33,20 zum einen, in Hi 38,17 zum andern so etwas wie Gegenstücke. (Das die Strophe einleitende Wort $^{\;ae}wilîm$ spricht ohnehin für sich selbst[56]).

Der überlieferungsgeschichtliche Ort, an dem die ersten drei der vier Strophen entstanden, bestimmt sich somit als Schnittpunkt zweier Beziehungslinien: der Beziehungslinie zur deuterojesajanischen und anderen späten Prophetie und der zur jüngeren Weisheit. – Vor allem die Reproduktion der Zusage des Kyros-Orakels Jes 45,2b in Ps 107,16 verrät den bewußten Rückgriff. Hingegen wirkt der Einschlag weisheitlicher Art in allen Fällen weniger gewollt. Er dürfte sich so erklären, daß der Dichter der Strophen I bis III im sapientialen Traditionsmilieu lebte und webte und dichtete und von dieser ihm vermutlich unbewußt-selbstverständlichen Basis aus prophetisches Schrifttum exilischer und nachexilischer Abkunft heranzog.

3.8.4. Anders der Urheber der IV. Strophe! Er hebt auf prophetisches Überlieferungsgut nicht im mindesten ab, ist im Unterschied zum Verfasser der ersten drei Strophen und auch zu dem des voraufgehenden Stücks (107,2–3), soweit wir sehen, allein von Motiven der alttestamentlichen Weisheit bestimmt. Er scheint aus demselben sapientialen Fundus zu schöpfen, aus dem – zu welchem Kontextgebrauche auch immer – Spr 23,34; 30,18–19; 31,14 und JesSir 43,24–25 herrühren. Er folgt zwar – das liegt auf der Hand – demselben gedanklichen Schema, das den voraufgehenden Strophen zugrundeliegt, kommt so auch an die in diesem Schema steckenden Gedanken. Im übrigen aber lebt er, überlieferungsgeschichtlich gesehen, autark aus seiner eigenen Welt, aus der der alttestamentlichen Weisheit, greift in Bereiche anderer Traditionen nicht hinein.

3.8.5. Auch der Autor des Schlußstücks des Psalms (107,33–43) fußt im Traditionsbereiche der Weisheit. Dies zeigt sich in vielfacher Weise. Nicht zuletzt in der Schlußfrage, die das ihn bestimmende Leitbild verrät: »Wer ist *weise*, daß er's beachte...?!« (v. 43). Auch darin, daß er im Sinne der Vergeltungslehre Tun-Ergehen-Entsprechungen im Ablauf des Geschehens verzeichnet (v. 34)[57], tritt sapientiales Denken zutage. Im übrigen entsprechen nicht wenige Passagen des abschließenden Psalmstücks aus-

---

[56] Beachtenswert freilich u. S. 48, Anm. 79 und S. 51, Anm. 93.
[57] Zur Diskussion um den Vergeltungsgedanken vgl. H. Gese, Lehre und Wirklichkeit in der alten Weisheit, 1958, 37–50.

gesprochen weisheitlichem Textgut: 107,40a Hi 12,21a; 107,40b Hi 12,24b; 107,41a Hi 5,11a; 107,42a Hi 22,19a und 107,42b Hi 5,16b. Es könnte nicht deutlicher sein, daß der Dichter des abschließenden Abschnitts im Schrifttum und Geiste der alttestamentlichen Weisheit lebt, genauer noch, der *spät*alttestamentlichen Weisheit; denn er hatte, wie oben aufgezeigt wurde[58], als Vorlage bereits das *erweiterte* Hiobbuch.

Allerdings, im vorliegenden Falle sind zugleich wieder Rückbezüge auf Deuterojesaja im Spiel: Ps 107,33a hat Beziehung zu Jes 42,15b und 44,27, reproduziert aber vor allem – in weitgehender Genauigkeit! – Jes 50,2b. Überdies gibt Ps 107,35 geradezu zitierenderweise Jes 41,18b wieder.

Das Nebeneinander der zweierlei Bezüge rückt das Schlußstück des Psalms von der allein weisheitlich inspirierten IV. Psalmstrophe ab und, prima vista, an die ersten drei der vier Strophen heran, sind doch auch diese entsprechend doppelt beeinflußt. Indes, es stellt sich bei näherem Hinschauen ein erheblicher Unterschied heraus: Weniger, was die Bezüge zum Zweiten Jesaja anlangt. Diese sind ungefähr gleicher Art, sind teils freier, teils von der Dichte eines Zitats[59]. Sehr unterscheidet jedoch, wie hier und wie dort Elemente der israelitischen Weisheit zur Sprache gekommen sind. Wie gesagt, im Falle der ersten drei Strophen in einer so lockeren Art, daß die Bezugnahmen nicht vorsätzlich-gewollt anmuten. Hingegen steht außer Frage, daß der Autor des Schlußabschnitts in nahezu schriftgelehrter Manier den Text des erweiterten Hiobbuches auswertet. Er fügt, von einer winzigen, orthographischen Differenz abgesehen, Hi 12,21a und 24b – genau reproduzierend! – zu einer neuen poetischen Zeile, Ps 107,40, zusammen. Und er zitiert in 107,42b, wenngleich in einer, wie es scheint, erleichternden Lesart, exakt Hi 5,16b. Er ist als Weiser im Schrifttum seines Bereiches zu Hause und nützt es – eben nicht unbewußt, sondern bewußt! – bei der Erarbeitung seiner Psalmenverse aus. Als Weiser verstand er sich selbst als berufener Nachfolger der Propheten, vor allem der Heilspropheten[60], weiß sich darum auch legitimiert, wenn er sich des Propheten-Vermächtnisses, der Hinterlassenschaft Deuterojesajas bedient.

Aus alledem folgt *zum ersten,* daß sich der traditionsgeschichtliche Ort, an dem der Schlußtext des Psalmes, 107,33–43, entstand, mit dem, an welchem die ersten drei der vier Strophen zustandekamen, bei aller Ähnlichkeit doch nicht deckt. Und es ergibt sich *zum zweiten,* kontrastweise schärfer als zuvor, der überlieferungsgeschichtliche Ort des Schlußstücks: Er ist inmitten fast schriftgelehrt arbeitender Weiser zu suchen, die sich

---

[58] Siehe oben Ziff. 3.1.
[59] Freiere Bezugnahmen einerseits zu Jes 42,15b; 44,27; andererseits etwa (in Strophe II) zu Jes 49,9 und (in Strophe III) zu Jes 55,11. Genauere, quasi zitierende Bezugnahmen einerseits zu Jes 41,18b und 50,2b, andererseits, annähernd zitatweise, zu Jes 45,2b.
[60] Vgl. zur Begründung noch einmal die Argumente am Ende der Ziff. 3.1.

zugleich als Nachfolger und Sachwalter der Propheten verstanden und, weisheitliches Gut mit (heils)prophetischem verschmelzend, in den Spätstadien der alttestamentlichen Ära Psalmen zu dichten begannen.

Seit vier Jahrzehnten gibt es die These, spätjüdische Psalmen seien in den Kreisen der Weisen entstanden[61]. Es versteht sich von selbst, daß es zu diesem (wie ich meine, evidenten) Sachverhalt nicht jählings-unversehens kam, sondern daß er sich – noch in den Spätphasen des Alten Testaments – allmählich anzubahnen begann. Die Strophen des Psalms 107 sowie sein Schlußabschnitt sind, je auf ihre Weise, Marksteine dieser Entwicklung. Was sich in den ersten drei Strophen in Spurenelementen abzeichnet, das ist im Schlußteil fait accompli: v. 33–43 wurzeln im weisheitlichen »Sitz« der späteren Psalmendichtung!

3.9. Überschaut man die Ergebnisse der Ortung, so erscheinen sie zentrifugal. *Kein* Bestandteil des Psalms 107 hat dieselben überlieferungsgeschichtlichen Koordinaten: *Ein* Teil ist, altüberliefert, weisheitlicher und prophetischer Einwirkungen bar (107,1). Ein *anderer* ist, offensichtlich später entstanden, einseitig von prophetischem Schrifttum abhängig (107,2–3). Ein *dritter* ist lediglich weisheitlich beeinflußt (Strophe IV: 107,23–32). Ein *vierter* weist Spuren sowohl prophetischer als auch weisheitlicher Einwirkungen auf (die Strophen I bis III nämlich: 107,4–22). Beim *fünften* und letzten Bestandteil des Psalms treten noch einmal Spuren aus jenen beiden überlieferungsgeschichtlichen Richtungen auf. Indes, die Spuren weisheitlicher Prägung sind auffallend tiefer eingedrückt: mit der Nachdrücklichkeit wortwörtlich genauer Zitate, welche, neu konstelliert, neue poetische Zeilen formieren (107,33–43).

So klar diese Ergebnisse der überlieferungsgeschichtlichen Ortung auch sind, so klar ist andererseits auch, daß sie, für sich genommen, literar- oder überlieferungskritische Sonderungen noch nicht zu begründen vermögen. Es bedarf ohne Frage zusätzlich der Näherbestimmung der Inhalte. Erst wenn auch diese, die Inhalte der verschiedenen Psalmteile, erforscht und zueinander ins Verhältnis gesetzt sind, wird sich begründet entscheiden lassen, ob unser Psalmtext einheitlich oder uneinheitlich ist, ob er zu Sonderungen Anlaß gibt, zu Sonderungen literar- oder überlieferungskritischer Art. – Indes, nicht nur aus diesem Grunde sind inhaltliche Näherbestimmungen nötig. Es bedarf ihrer auch, um das Wesen des Psalms 107, seiner Bestandteile und des Textes im ganzen, zu erfassen.

---

[61] Vgl. H. Ludin Jansen a. a. O., besonders 55 ff. 93 ff. Vgl. ergänzend: Ziff. 3.1 und speziell S. 16, Anm. 13.

4. Zur inhaltlichen Näherbestimmung

Es soll hier keineswegs »kommentiert« werden. Vielmehr ist zu erheben, wie die einzelnen Teile des Psalms, aufs große Ganze gesehen, das Wesen und Wirken Jahwes bezeugen, ob die Bezeugungen inhaltlich gleich sind, ob sie – beispielsweise – Rettungserfahrungen einzelner oder einer Gemeinschaft im Blick haben, ob sie persönlicher oder geschichtlich-politischer Art sind, ob sie individuell-speziell oder typisch-generell orientiert sind, ob sie ausschließlich Lobpreisung oder auch anderes, etwa lehrhafte Paränese, sein wollen.

Entsprechende Nachforschungen können, das versteht sich von selbst, gerade auch daran Anhalt gewinnen, was die traditionsgeschichtliche Ortung ergab. Es steht zu erwarten, daß die Voraussetzungen überlieferungsgeschichtlicher Art, die eruiert worden sind, auch die Inhalte, die Substanzen der verschiedenen Psalmteile bis zu einem gewissen Grade bedingen. Insofern könnte es sein, daß Resultate überlieferungsgeschichtlicher Ortung in bisher strittigen Fragen voranzuhelfen vermögen.

Kaum noch besonderer Erwähnung bedarf, daß mehr denn je Anlaß besteht, die Bestandteile des Psalms, so wie sie sich bislang voneinander abgehoben haben, auch künftig separat zu erforschen.

4.1. Wir beginnen mit der I. Strophe (v. 4–9) und fragen, inwiefern ihr Inhalt überhaupt der Näherbestimmung bedarf. Die Antwort ist in Ziffer 1.2 gegeben[1]. Es ist mehrfach und in verschiedenen Versionen die Meinung vertreten worden, es liege – entgegen verbreiteter Auffassung – der I. Strophe nicht individuelle, sondern kollektive Erfahrung zugrunde. Es sei nicht von dem die Rede, was *einzelne* in Israel erlebten, sondern von der Erfahrung der Jahwegemeinde *im ganzen*. Nach der einen Version: von der Erfahrung der Rückwanderer aus dem babylonischen Exil[2]. Nach der anderen: von der »des Gottesvolks auf seiner Wüstenwanderung«[3], auf seiner Migration »in das gelobte Land«[4]. Nach der letzteren Auffassung ist in die Erfahrung der Väter, der Generation der mosaischen Zeit, im kultischen Nacherleben die entsprechende Erfahrung der nachgeborenen Glieder der Gesamtgemeinde »verwoben«[5].

---

[1] Literaturhinweise können im folgenden insoweit verkürzt werden, als sie Angaben in den Fußnoten zu Ziff. 1.2 wiederholen.
[2] So E. J. Kissane; ebenso J. W. Rogerson und J. W. McKay, Psalms 101–150, 1977, 48.
[3] A. Weiser a. a. O. 471.
[4] Ders. a. a. O. Dem Sinne nach auch M. Dahood.
[5] Auf den Aspekt eines kultischen Nachvollzugs geht Weiser (a. a. O.) ein.

Diesen Deutungen der Strophe I liegt — wie ich finde, bezeichnenderweise — die Einschätzung zugrunde, 107 sei ein in sich einheitliches Gedicht[6]. Infolge dieser Voraussetzung, oder jedenfalls im Zusammenhang mit ihr, erscheint der Eingang der Strophe, v. 4, im Lichte des abschließenden Psalmteils, im Lichte von v. 36. Ist dort, im Schlußpassus des Psalms, ʿîr môšab (»die Stadt zum Wohnen« oder »die wohnliche Stadt«) im Zusammenhang mit der Landnahme (oder richtiger: der Landgabe) und Seßhaftwerdung erwähnt, ist dann nicht, die Einheitlichkeit des Texts unterstellt, auch ʿîr môšab (v. 4 und v. 7) in ebendemselben Zusammenhang zu verstehen: in dem der Wanderung der mosaischen Zeit?[7] — Und andererseits: Gehen v. 2–3 und v. 4–9 auf ein und denselben Verfasser zurück[8], dann sind die geʾûlê jhwh, die »redeemed of Yahweh« von v. 2, gleichgesetzt mit den aus Babylonien Befreiten, zugleich eben die, von denen auch Strophe I handelt. Rahmen der Not- und Rettungserfahrung ist folglich in I die Rückwanderung aus dem Exil[9]. — Wer die Einheitlichkeit des Gedichtes verteidigt, kann, wie man sieht, entweder von daher oder von dorther, entweder von v. 2 oder von v. 36 ausgehend, das Erfahrungsmedium der I. Strophe bestimmen. Er kann — was gibt es nicht alles? — freilich auch beide Deduktionsmöglichkeiten harmonisieren. Dies mit dem verblüffenden Effekt, »Jahwes Erlöste«, »those redeemed by Yahweh« (v. 2), seien eben diejenigen, die, aus Ägypten befreit, sich niederlassen und siedeln (v. 36)[10].

Im Grunde genommen genügen alleine schon diese Betrachtungen, um vor unkritischen Deduktionen von einem Psalmteil in den andern hinein und mithin vor einer zu schnellen Unterstellung der Einheitlichkeit des Textes zu warnen. Wer von Bemühungen um überlieferungsgeschichtliche Ortungen und Differenzierungen herkommt, die sich, wie wohl gesagt werden darf, als notwendig und dringlich erwiesen, der wird, auch ohne daß in literar- und überlieferungskritischer Hinsicht das letzte Wort schon gesprochen ist, angesichts des so klaren Resultats, daß alle sich in der Gliederung[11] voneinander abhebenden Psalmteile je ihre eigenen überlieferungsgeschichtlichen Koordinaten haben[12], sich davor in acht nehmen wollen, quer durch die verschiedenen Teile des Textes zu kombinieren. Positiv gewandt: Was die traditionsgeschichtliche Ortung ergab, läßt es dringend geraten erscheinen, jeden Bestandteil des Psalms so lange wie

---

[6] Bei Kissane sind spärliche analytische Ansätze durch den Eindruck relativiert, die Psalmteile seien in vielem konsistent: »... it must be noted that the general theme of all the sections is identical, and some expressions are common to all ...« A. a. O. 494.
[7] Weiser und Dahood scheinen so zu denken (a. a. O. 471f. bzw. a. a. O. 89).
[8] E. J. Kissane geht dezidiert davon aus: vgl. a. a. O. 494. 498.
[9] So eben Kissane.
[10] Zu dieser bemerkenswerten Folgerung gelangt M. Dahood a. a. O. 81.
[11] Siehe oben die Ziffern des Teiles 2.
[12] Vgl. dazu oben, insbesondere Ziff. 3.9.

irgend möglich aus sich selbst heraus zu bestimmen. D. h. fürs erste, im vorliegenden Fall: Strophe I ist, ohne daß Elemente des Kontexts zur Unzeit hereinwirken, primär aus sich selber zu verstehen. (Insoweit andere Teile des Psalms mit in Betracht kommen müssen, sind, den Resultaten der überlieferungsgeschichtlichen Ortung gemäß, noch am ehesten Strophen II bis III zu berücksichtigen.)

Nimmt man die I. Strophe im dargelegten Sinne für sich, dann sind, »die in der Steppe, in der Wüste umherirren« (v. 4)[13], ausgesprochenermaßen darauf aus, den Weg zu »einer wohnlichen Stadt«, wo sich die Bedürfnisse des Lebens befriedigen lassen, zu finden. Keine Rede davon, sie hätten eine solche Stadt zu *errichten* die Absicht gehabt! Wie Seßhaftwerdung (Seßhaft-»machung«) sowie Städtegründung und -errichtung im Hebräischen ausgedrückt werden, liegt in v. 36 zutage. Kontrastweise ergibt sich ganz klar, daß v. 4, obschon völlig identisch ʿîr môšab formulierend[14], Seßhaftwerdung und Städtegründung überhaupt nicht im Sinne hat, vielmehr vom Verfehlen einer bereits existenten Stadt spricht. Dies aber paßt nicht in die geschichtliche Situation der aus Ägypten entronnenen, landsuchenden Moseschar[15], vollends nicht in das Bild, das sich die Tradition von ihr macht. Die Migrationen der mosaischen Zeit sind also nicht der Rahmen der in Strophe I umschriebenen Not- und Rettungserfahrungen.

Was die andere Version der Meinung anlangt, es werde hier kollektive, gemeindliche Erfahrung bezeugt, die Bezugnahme auf die Rückwanderung aus der babylonischen Gola also, so findet sich in den Versen der I. Strophe keinerlei Anhaltspunkt, der zwingend, oder auch nur halbwegs zwingend, diesen geschichtlichen Bezug festzustellen erlaubte. Es ist in den alttestamentlichen Überlieferungen, soweit ich sehe, auch keine Erinnerung daran bewahrt, daß Schwierigkeiten der erwähnten Art den Rückwanderern zugesetzt hätten. Bloße Mutmaßungen sind keine Basis, auf welcher sich aufbauen ließe. Ist aber die Sachlage so, daß die Verse der Strophe I keine historischen Bezüge ausdrücken[16], dann sollten sie auch nicht – von einem Kontextelemente her, das separaten Ursprungs zu sein scheint![17] – historisch festgelegt werden. Fazit: Auch der zweite exegetische Versuch, geschichtlich derart zu orten, daß es in Strophe I um gemeindliche Erfahrungen ginge, entbehrt jeder tragfähigen Grundlage. – Es bleibt, da sich

---

[13] Wir meinen, hauptsächlich im Hinblick auf die Art der Stropheneröffnung im 10. und 23. Vers, in v. 4 toʿê lesen zu müssen.

[14] Die Übereinstimmung kann – muß man dies eigens feststellen? – verschiedene Gründe haben. Eben auch den, daß eine nachinterpretierende Hinzufügung sich terminologisch-diktionell an ihre Vorlage anschließt.

[15] Diesen Ausdruck cum grano salis!

[16] Dies gilt, wie noch deutlicher werden wird, auch für die Erwähnung der Steppe, der Wüste.

[17] Vgl. dazu oben Ziff. 3.8.2 und 3.9.

Ausdeutungen, die auf die Gesamtgemeinde und bestimmte historische Situationen abheben, im Text nicht verankern lassen, nur übrig, dem consensus plurium beizutreten, Strophe I handle von geschichtlich nicht datierbaren Not- und Rettungserfahrungen *einzelner*, einzelner in der alttestamentlichen Jahwegemeinde.

Hat dann — im Rahmen dieses Konsenses — die Erklärung, die historisch nicht ortet, die prinzipiell individuell einordnet, allerdings in kaum weniger spezieller Weise, und die an die Erfahrungen bestimmter Berufsstände, der reisenden Kaufleute, der Karawanenführer und -teilnehmer denkt[18], nicht immer noch am meisten für sich? Ich meine diese Frage verneinen zu müssen. Denn: ließ die I. Strophe spezielle Textzüge vermissen, die eine geschichtliche Einordnung annähernd zugelassen hätten, so wirkt sich der Mangel an speziellem Profil, auch wenn jetzt berufsständische Bezüge deduziert werden sollen, genauso hinderlich aus. Man sage nicht, es liege eben am sprachlichen Medium der Psalmpoesie, daß allzu Spezielles nicht zum Ausdruck zu gelangen vermöchte. Die psalmpoetische Sprache in v. 23 — also in Strophe IV, auf die zum Zwecke dieses Vergleiches zu schauen, methodisch vertretbar ist — läßt nicht den mindesten Zweifel daran, daß berufsständische Präzisierungen, selbst unter dem Zwang, in knappen Stichoi zu reden, wohl möglich gewesen sind. Das nicht sehr viel anders geformte poetische Stück Hi 6,18(−20) dokumentiert es noch einmal, wie präzise und deutlich sich ein hebräischer Dichter — gerade auch bei einschlägigen Aussagen — zu artikulieren verstand[19].

Unterläßt es der Dichter der I. Strophe, auch nur in Ansätzen berufsständisch zu präzisieren, dann kann — so viel ist allemal schlüssig — ihm hieran auch nicht gelegen gewesen sein. Woran ihm tatsächlich gelegen war, das sind, bringt man das Gesagte, ausschließlich insoweit es gesagt ist, zur Geltung, die *Grundlinien* einer Erfahrung. Spezielleres läßt er beiseite; es würde doch nur bewirken, den Kreis derer, die sich angesprochen, sich existentiell betroffen fühlen sollen, unsachgemäß zu verengen[20]. Die

---

[18] Vertreter dieser Erklärung etwa F. Baethgen a. a. O. 325; B. Duhm a. a. O. 389; H. Schmidt a. a. O. 197; H. Herkenne a. a. O. 351; E. A. Leslie a. a. O. 302, nicht zuletzt aber auch K. Koch a. a. O. 535.
[19] Die Stelle der Hiobdichtung behandelt in unmißverständlichen Worten das hinter den Formulierungen der I. Strophe vermutete Karawanen-Sujet.
[20] Dem, was der Poet intendiert, kommt insofern W. O. E. Oesterley (a. a. O. 452), indem er von »Wanderern« spricht, noch am nächsten. — Die von H. Gunkel (a. a. O. 470) ins Spiel gebrachten »Pilger« grenzen demgegenüber schon wieder auf eine speziellere Gruppe ein. Sie lassen, nebenbei gesagt, fragen, ob traditionelle Pilgerwege nicht in einem Maße vertraut gewesen sein mußten, daß sie schwerlich verfehlt werden konnten. — Die Eingrenzung auf Karawanenführer und reisende Kaufleute würde am stärksten einengen. Denn diese Metiers, soweit sie nicht Nichtisraeliten überlassen geblieben sind, standen bei den Israeliten, wie es scheint, eher am Rande des Interesses. — Stellt man in Rechnung, daß unser Strophengedicht zum wiederholten Vortrag bestimmt gewesen sein wird, so

konsequente Beschränkung auf die Grundzüge der Erfahrung ist, will man die I. Strophe in ihrem Wesen und Wollen erfassen, für diese essentiell und entscheidend. Sie setzt allen Versuchen, so oder so speziell zu identifizieren, eine unübersteigbare Grenze.

Zeichnet man die Grundlinien der in Strophe I umschriebenen Erfahrung – in vorläufiger Weise – nach, so ist folgendes festzuhalten: Gemeint sind die einzelnen in der alttestamentlichen Gottesgemeinde, die den Weg und damit das Ziel, wo sich die Bedürfnisse des Lebens befriedigen lassen, verfehlt haben, die, anders und komplementär gesagt, gerade dort, »in der Steppe, in der Wüste«, umherirren, wo nach dem Verständnis biblischer Israeliten ein Mensch weder wandern noch wohnen kann (Jer 2,6), wo sich, mit einem Worte gesagt, der Bereich und die Macht des Todes auswirkt[21]. Die, die den Weg und das Ziel verfehlt haben, sind hungernd und dürstend am Verschmachten, also dem Tode nah, umherirrend von ihm umfangen. Jahwe, den sie in ihrer Not, in ihrer Bedrängnis anrufen, reißt sie aus ihrem todbringenden Verirrtsein heraus, bringt sie auf den Weg, den sie verfehlt haben, zurück, auf den rechten Weg, welcher zum Ziel, zu dem Bereiche zurückführt, wo, was Leben ermöglicht, Hunger und Durst beseitigt, nach Bedarf vorhanden ist. Die, die mit der Todesnot konfrontiert, dann aber, auf Grund ihres Hilfeschreiens, auf den rechten Weg, in »die wohnliche Stadt« zurückversetzt worden sind, die sollen die erfahrene Rettung oder, auf Gott hin gesehen, seine Güte, sein Gutsein preisen. »Ja, er (Jahwe) sättigt die ausgedörrte Kehle/Seele[22], ... die hungrige Kehle/Seele füllt er mit Gut!«

»... füllt er mit Gut« – das heißt in der Sprache der Weisheit, in welcher der Dichter der Strophe, wie im einzelnen oben bewiesen[23], zu Hause gewesen ist: »füllt er mit Gut« im umfassenden, gerade auch tieferen Sinn; man vergleiche die nämliche Wendung in der weisheitlichen Hiobbuchdichtung Kap. 22,18[24]. Sollte hier nicht zum Vorschein kommen, daß Strophe I eben nicht nur vordergründig erzählt, sondern einen Hintergrund hat, in dem alles grundsätzlicher und umfassender gemeint ist? Sollte sich

---

muß man (unterstellt man nochmals für einen Moment den Bezug auf die letztgenannten Berufe) sich zu allem hin fragen, ob sich beim jeweiligen Strophenvortrag wohl auch immer genug Betroffene zusammengefunden haben können, um in angemessener Zahl »zuvorderst« in der sich vor den Toren zum Heiligtum drängende Menge präsent zu sein. (Dies im Anschluß an K. Kochs Vorstellungen a. a. O. 535.)

[21] Belege zu letzterem in reichem Maße bei N. J. Tromp, Primitive Conceptions of Death and the Nether World in the Old Testament, BibOr 21, 1961, besonders 130 ff.

[22] Das zugrundeliegende hebräische Wort kann beides bedeuten, hat diese semantische Spannweite!

[23] Vgl. oben Ziff. 3.4.

[24] Sollte der Passus, wie G. Fohrer (KAT XVI, 1963, 350–351) annimmt, von einem »Glossator« herrühren, so würde dies hier nicht viel ändern. Denn auch dieser hätte gewiß dem Traditionsbereich der Weisheit nahegestanden, wenn nicht sogar angehört.

hier nicht herausstellen, daß das Erzählte, zumal in seiner so einfachen
Linienführung, *Bild* ist, nur Bild, das die *Sache*, die eigentlich gemeinte,
abbildet?[25] Das Geschick der vom Weg Abgekommenen, der in die Wüste
Verirrten — »Bildspender«! Die Erfahrung des desorientiert lebenden, dem
Tode nahegekommenen Menschen — »Bildempfänger«! Der »Weg« bzw.
»der rechte Weg« — damals wie heute potentiell eine Metapher[26]! Gleicherweise das Verfehlen des Wegs, das Abirren von ihm, die Verirrung. Was
die Strophe vom »Weg«, seinem Verfehlen und von den Folgen, was sie
vom Wiederzurechtbringen »auf den rechten Weg« und dessen Auswirkun-
gen sagt, ist dies nicht aus *einer* Metapher, aus der des »Weges«, entwickelt, Erweiterung einer Metapher oder, wie wir dann besser formulieren, »*Gleichnis*«[27]?

Suchen wir diese Frage zu beantworten, mehr als gefühlsmäßig zu
entscheiden, so sind die Resultate in die Waagschale zu werfen, welche die
überlieferungsgeschichtliche Analyse der Strophe ergab[28]: Ihr Dichter
befleißigte sich, wo er konnte, einer in den Traditionen des Jahweglaubens,
in den Traditionen des prophetischen und des weisheitlichen Schrifttums
vorgegebenen Sprache! Sollte er der Meinung gewesen sein, in einer aus der
prophetisch-weisheitlichen Überlieferung angereicherten Sprache bei den
mit knapper Not der Irrsal der Wüste entronnenen Geschäftsleuten und
Karawanenführern in besonderem Maße Gehör und Verständnis finden zu
können? Dem war mit Bestimmtheit nicht so. Der Autor der Strophe hat
darum Elemente aus der prophetischen und weisheitlichen Überlieferung
verwendet, um mit den, verglichen mit der Sprache des Alltags, weiter-
fassenden und tieferreichenden traditionellen Worten die ganze menschliche Existenz, sie in ihrer Tiefe, in ihrem Verhältnis zu Gott, besser erfassen, besser umschreiben zu können. Wer in Anlehnung an ein Wort des
Deuterojesaja, an Jes 48,17b, vom Wieder-auf-den-Weg-Bringen spricht,
auf den zu gehenden Weg, der bringt das Zeugnis von dem umfassend-
rettenden Erlöser assoziativ mit zum Zug. Wer im Anschluß an die Sprüche
der Weisheit, etwa an Spr 2,13; 4,11; 14,12; 16,25, vom rechten, vom
geraden Wege spricht, der bringt so — nolens oder volens — zum Tragen,
daß es im umfassendsten und radikalsten Sinne um die Grundfrage geht, ob
der Weg des Lebens oder der des Todes verfolgt wird. Wer so wie der
Urheber der Hiobbuchstelle 22,18 mit Gut erfüllt werden läßt, der meint so
wenig wie dieser nur die Stillung des leiblichen Hungers, sondern, darüber

---

[25] Zur Terminologie, die hier und im folgenden angewandt ist, vgl. die Sprachregelung bei
H. Weinrich, Semantik der kühnen Metapher, DVfLG 37, 1963, 327ff.
[26] Es steht außer Frage, daß wir in diesem Fall nicht anachronistisch sprachliche Modernismen zurückprojizieren. Zum antik-israelitischen Gebrauch der Metapher »Weg« vgl. nur
etwa Spr 2,1—20; 4,10—18; 14,12.14; 16,2.25.
[27] Vgl. besonders H. Weinrich a. a. O. 337.
[28] Siehe oben Ziff. 3.4.

hinaus, auch die ganz umfassende Zuwendung dessen, was für einen Menschen im ganzen gut ist.

Kurzum: Stellt man das Ausmaß in Rechnung, in dem die Sprache der I. Strophe von der prophetischen, der weisheitlichen Tradition her gefüllt ist, dann leidet es kaum einen Zweifel, daß sie nicht in der Ebene einfachen Erzählens bleiben, sondern erheblich tiefer schürfen und umfassender greifen will. Es ist so: unter der Ebene des Bilds (Wanderer abseits und hernach zurück auf dem rechten Weg) liegt noch die Ebene der Sache. Wer Ohren hatte zu hören, vernahm, was das Bild in der Sache zu sagen hatte. Wer an den Traditionen der Propheten, an den Überlieferungen der Weisen geschulte Ohren hatte zu hören, der vernahm erst recht das im Grunde Gemeinte. – Beides, die vertiefenden Überlieferungsbezüge und, andererseits, die Einfachheit, die Allgemeinheit der Linienführung der Erzählung, in der sich andere in den Grundzügen ihres eigenen Geschicks wiederzuerkennen vermochten, spricht, wie ich meine, dafür, Strophe I wolle als Gleichnis verstanden werden.

Dieses ruft alle zum Gotteslob auf (vgl. v. 8), die den rechten, den geraden Weg des Lebens verfehlt haben, die, wie wir sagen würden, desorientiert, im Bannkreis des Todes verschmachten, die von selbst den Ausweg, den Rückweg zum rechten, zum geraden Wege nicht finden, die dann aber von Gott, zu dem sie sich wandten, aus dem Banne des Todes gerissen und auf den Weg des Lebens zurückgebracht wurden und die so, eben noch an der Schwelle des Todes, nunmehr in einem von Jahwes Gut erfüllten Leben leben – und zu loben verpflichtet sind.

Um es deutlich zu sagen: Was wir eben umschrieben, ist keineswegs das, was in unsere I. Psalmstrophe zu Nutz und Frommen nachgeborener Menschen (zur Not!) hineingelesen werden kann. Es ist, ganz im Gegenteil, das, was das Gleichnis in dieser Strophe, als solches bis dato verkannt, nach der ihm eigenen Intention, aus seiner bildhaften Einkleidung heraus, als seinen eigentlichen Sinn an den Mann bringen will.

So gewiß es sich wesensmäßig an *einzelne* im Jahwevolk wendet, sie – je für sich – existentiell betreffend und in die Lobpreisung hineinziehend, so gewiß sind es, der gewollt breiten Anwendbarkeit und der allgemein gehaltenen Grundzüge der Strophe wegen, *viele* gewesen, die sich von ihr haben ansprechen, mehr noch, haben betreffen lassen können. Viele in vielen Generationen dieser Glaubensgemeinschaft! Ebendieses entspricht, ebenfalls wesensmäßig, der der Gattung des Hymnus innewohnenden Absicht[29], viele, möglichst viele (und nicht nur einige wenige aus zahlenmäßig unbedeutenden Berufsständen) zum Gotteslob aufzurufen. – So hat, wie ich meine, unser Verständnis der I. Strophe alles für sich!

4.2. Bei der II. Strophe (v. 10–16) liegen noch immer zwei Versuche der Deutung im Wettstreit: *Zum einen* die Meinung, die Strophe handle,

---

[29] Zur Bestimmung der hier vorliegenden Gattung s. o. Ziff. 2.2.

kollektiv orientiert, von der nach Babylonien verbrachten, von dort dann repatriierten Exilsgemeinde. Sie spreche von ihr im Bild, im Vergleiche mit Eingekerkerten (im buchstäblichen Sinne des Worts), im Vergleiche mit solchen, die nach der Anrufung ihres Gottes von diesem in Freiheit versetzt wurden[30]. *Zum andern* ist die Überzeugung verbreitet, die II. Strophe spreche keinesfalls im Bild, »sondern von wirklicher Kerkerhaft«[31], von der Entlassung aus ihr. Sie sei »natürlich ganz wörtlich zu verstehen«[32], meine inhaftierte einzelne, die auf Intervention des von ihnen angerufenen Gottes hin jählings freigekommen wären. Letzteres – die opinio plurium[33]!

Wie ist diesem Problem beizukommen, dem Problem der Konkurrenz zweier Interpretationen? Von der überlieferungsgeschichtlichen Analyse unseres Psalmtextes herkommend, meinen wir einen Hebel in der Hand zu haben, das alte Problem ganz neu – und hoffentlich entscheidend – zu bewegen. Nehmen wir an den Ergebnissen dieser Analyse Maß, so hat, prima vista, der erstgenannte Deutungsversuch eines für sich: den Zusammenhang nämlich zwischen Ps 107,16 und der Zusage des Kyros zugedachten Orakels, Jes 45,2 b[34]. Der Dichter der Strophe feiert bereits in hymnischer Form – muß man nicht annehmen, als einen tatsächlich erfahrenen und bewährten Sachverhalt? –, was der Prophet des Exils einst verhieß. Hatte letzterer die Zerschlagung der babylonischen Zwingherrschaft anvisiert, so würde sich, eigentlich, die Annahme nahelegen, der Autor der II. Strophe blicke in v. 16 auf die Befreiung aus der Gewalt der Babylonier zurück. Wer nur Zusammenhänge mit deuterojesajanischen Textstellen wahrnimmt und für Berührungspunkte in anderer Hinsicht (fast) blind ist[35], kann in der Tat auf den Gedanken verfallen, Strophe II spreche –

---

[30] So vor allem E. J. Kissane a. a. O. 494. 498. Bemerkenswert in diesem Zusammenhang, daß in der Antike bereits das Targum in die Richtung dieser Deutung tendierte (es drehe sich um deportierte israelitische Vornehme und den nach Babel verschleppten König Zedekia). Bemerkenswert ferner, daß bei H.-J. Kraus (a. a. O. 738.739) die II. Strophe, und nicht nur sie, durch das Vorzeichen des sekundären 2. Verses »auf die Situation der aus dem Exil Befreiten« nachträglich bezogen und neuinterpretiert worden ist. Der Primärsinn der Strophe ist in dieser Kommentierung ein anderer.

[31] F. Nötscher a. a. O. 238.   [32] B. Duhm a. a. O. 390.

[33] Diese wird u. a. vertreten von F. Baethgen a. a. O. 325 f.; C. A. und E. G. Briggs a. a. O. 357.359 f.; H. Gunkel a. a. O. 470 f.; R. Kittel a. a. O. 351; H. Schmidt a. a. O. 197; H. Herkenne a. a. O. 352; B. Bonkamp a. a. O. 479; E. A. Leslie a. a. O. 303; W. O. E. Oesterley a. a. O. 455; H.-J. Kraus a. a. O. 738 f.; A. Weiser a. a. O. 471, natürlich auch von den in Anm. 31 und 32 Genannten.

[34] Wie im Zusammenhang der Ziff. 3.2 schon gesagt, resultiert die weitgehende Übereinstimmung keinesfalls nur aus traditionsgeschichtlicher Wurzelverwandtschaft. Denn der Verfasser der Psalmstrophe lehnt sich auch sonst noch, gleich mehrfach, an Textstellen des Zweiten Jesajabuchs an. Er hat dies dann sicherlich auch in der Schlußzeile der Strophe getan.

[35] Man tut E. J. Kissane (a. a. O. 498) nicht Unrecht, wenn man feststellt, dies sei bei ihm so. Er notiert zu v. 10–16 nicht weniger als sechs deuterojesajanische Parallelstellen (was ihn

allermeist metaphorisch – vom Geschick der ins Zweistromland zwangsumgesiedelten, dann aber wieder repatriierten Jerusalemiten und Judäer.

Indes, der überlieferungsgeschichtliche Hebel kommt eben nur dann in der richtigen Weise zur Wirkung, wenn zugleich appliziert wird, daß die Verse der II. Strophe Einflüsse nicht nur aus *einer* traditionsgeschichtlichen Richtung aufgenommen haben, sondern – in nicht geringerem Maße! – *auch* aus einer *zweiten*: aus der des weisheitlichen Überlieferungskreises[36].

Man könnte zu kombinieren geneigt sein, der Rückblick auf die Erfahrung der Exulanten sei dann wohl von einem entsprechend entrückteren Standorte aus erfolgt: Der Psalmdichter schaue unter Aspekten zurück, die das Milieu der alttestamentlichen Weisheit bestimmte.

Indes, so einfach liegen die Dinge nicht! Die Elemente im Text unserer Strophe, die aus weisheitlichen Traditionen abzuleiten waren, lassen noch mehr, lassen anderes erschließen! Erinnern wir uns: Ps 107,10 spricht im wesentlichen so wie der weisheitliche Dichter von Hi 36,8(.13) von in Fesseln liegenden Gefangenen, von im Leiden Gebundenen[37]. Ps 107,11 führt solches Gefangen- und Gefesseltsein (durch ein begründendes *kî*), ähnlich wie Hi 36,8.9, auf den Aufruhr und die Überheblichkeit der betroffenen Menschen zurück. Ps 107,11–13 zeugt, analog Hi 36,9.10.13, von erzieherisch-zurechtbringenden Maßnahmen Gottes. Der Eindruck ist wohlbegründet, die beiden verglichenen Textstücke seien überlieferungsgeschichtlich eng verwandt. Es ist bei so viel Übereinstimmung in hohem Maße wahrscheinlich, daß, was für den einen Text gültig ist, genauso für den anderen gilt. Befassen sich die Verse der Hiobdichtung – ihrem Wesen nach – mit *einzelnen Menschen,* mit einzelnen Menschen vor Gott, mit ihrem Leiden, ihrer Anfechtung, ihren Verfehlungen im Verhältnis zu Gott, so steht, wie ich meine, tausend gegen eins, daß genauso die II. Psalmstrophe von *einzelnen Menschen* handelt, von ihrem individuellen Geschick, insonderheit in der Relation zu Gott.

Dieses Ergebnis läßt sich noch untermauern – an Hand des analog gearteten Zusammenhangs zwischen Ps 107,10.11 und Hi 38,2: Da wird, hier wie dort, durch menschliches Widerstreben, durch menschliche Aufmüpfigkeit der »Plan« Gottes verfinstert, in Finsternis verkehrt. Es entspricht dem haarklein, daß nach 107,10.11 der, der den »Plan« des Höchsten verachtet, in der Folge hiervon im Finstern sitzen muß. Redet die Frage in Hi 38,2 ausgesprochenermaßen einem einzelnen Menschen ins Gewissen, dürfte das die Annahme zusätzlich stützen, in der II. Strophe des Psalms 107 gehe es entsprechend um einzelne Menschen, um einzelne in der Jahwegemeinde, keinesfalls um diese im ganzen.

---

vor vielen anderen Psalmenerklärern auszeichnet!), erwähnt indessen (und auch noch in Klammern und ohne Folgerungen daraus zu ziehen) nur eine einzige Hiobbuchstelle.

[36] Vgl. auch dazu oben Ziff. 3.2.
[37] Vgl. nochmals S. 17, Anm. 17.

Bei Lichte besehen wird diese Annahme nicht einmal dadurch fragwürdig, daß man, zur anderen traditionsgeschichtlichen Perspektive zurückkehrend, der frappierenden Übereinstimmung zwischen dem Eingang der Strophe und Jes 42,7 gedenkt. Denn jene *jošᵉbê ḥošæk,* von denen diese Stelle des zweiten Jesajabuchteiles spricht, sind − entgegen oberflächlicher Erwartung − eben auch nicht mit der auf ihre Heimführung harrenden Exilsgemeinde identisch[38].

So hat sich, alles in allem die Waagschale eindeutig auf der einen Seite gesenkt: Ps 107,10−16 handelt von *einzelnen* Menschen, von dem, was ihnen in ihrer Beziehung zu Gott widerfuhr. Das entspricht − insoweit und nur insoweit! − der opinio plurium und rennt, wie es scheint, offene Türen ein.

Indes, in anderer Hinsicht sind die Türen bislang verschlossen: Die Mehrzahl der Kommentatoren sieht nämlich in den einzelnen, um die sich die Psalmstrophe dreht, Gefangene im simplen, im buchstäblichen Sinn. Aus dem Text dieser Strophe allein ist dieser Meinung der Mehrheit schwer beizukommen. Gestützt auf überlieferungsgeschichtlich nahe Verwandtes schon eher. Setzen wir noch einmal den Hebel unserer traditionsgeschichtlichen Sondierung an, ist eben von der nahen Verwandtschaft mit Hi 36,8ff. auszugehen. Hier und in Ps 107,10ff. wird, wie gesagt, dieselbe Sprache gesprochen: Die »Gefangenen«, von denen die Hiobpassage redet, sind, wie es ausdrücklich heißt, »durch Bande des Leidens festgehalten« (*jillakᵉdûn bᵉḥáblê-ʿonî*) (36,8b)[39]. Es ist Jahwe, nicht etwa ein menschlicher Kerkermeister, der die Betroffenen »fesselt« (36,13b). Er, Jahwe, tut dies − das ist die unbestreitbare Implikation −, damit die derart Traktierten um Hilfe schreien (36,13b). Schreit einer der Unglücklichen, gemäß der pädagogischen Absicht, um Hilfe, dann reißt Gott ihn aus seinem Leiden heraus (... *bᵉʿånjô*) (36,15). − Bei diesem Textstück der Hiobdichtung wird bereitwillig eingeräumt, es handle sich um *bildlich* zu verstehende Ausdrücke; Gott lege »den Menschen manchmal in die Fesseln und Stricke des Leides«[40]. Es ist, wie ich meine, nicht einzusehen, warum in der, wie gezeigt, traditionsgeschichtlich und bis zu einem gar nicht geringen Grade auch gedanklich parallelen Psalmstrophe nicht *dieselbe metaphorische Sprache* gesprochen sein sollte. Die Verbindung ʾasîrê ʿånî (Ps 107,10b) ist

---

[38] Vgl. zum Verständnis des schwierigen Textes C. Westermann, ATD 19, 1966, 81−84.
[39] Vgl. noch einmal die S. 17, Anm. 17 aufgeworfene Frage.
[40] So G. Fohrer, KAT XVI, 1963, 477. Freilich vermag ich nicht zu verstehen, warum der Genannte, der für den Kontext dies, ohne zu zögern einräumt, die inmitten dieses Kontexts gebrauchte Wendung (*bᵉḥáblê-ʿonî*) (v. 8b) nicht entsprechend »durch Banden / durch Stricke des Leidens« übersetzt. A. a. O. 471. 473 (dort 8b). In dem von G. Fohrer herausgegebenen Wörterbuch ist − zu allem hin! − für ʿånî im wesentlichen nur »Leiden« und »Elend« angegeben. HAWAT, 1971, 208.

so gesehen in gar keiner Weise seltsam[41], ist kein Kuriosum, an dem man herumdeuten müßte[42]. In diesem status constructus tritt vielmehr ausdrücklich und präzise zutage, von wem denn die einzelnen, um die es in dieser Psalmstrophe geht, »gefangengenommen« sind. Sie sind es — durch das Leid, durch das Leiden. Die Wörter unseres Psalmtextes »Gefangene« (v. 10), »Eisen« (v. 10) und »Fesseln« (v. 14) sind Bilder, die auf die Unentrinnbarkeit abheben, die mit dem Leid und dem Leiden verknüpft ist.

Dieses Ergebnis wird zusätzlich durch zweierlei abgestützt: *Zum ersten* dadurch, daß die Parallelisierung der II. Strophe mit jenem Abschnitt der Hiobdichtung alles andere als willkürlich ist. Vielmehr ist sie wohleingebunden in mehrere Zusammenhänge zwischen der II. Psalmstrophe und dem Hiobbuch[43]. *Zum anderen* spricht für die Sicht der Dinge, die wir eben entwickelt haben, die Tatsache, daß mit dem interpretatorischen Ansatz, es gehe um vom Leid und vom Leiden in Beschlag genommene Menschen, im Text der Strophe durchzukommen ist, zu allem hin in eklatanter Parallelität zu Hi 36,8 ff.! Die Leidenden sind im Bannkreis des Todes (Ps 107,10 a)[44]; hätten sie Gott nicht zu Hilfe gerufen (107,13), wären sie dem Tode verfallen (vgl. dazu Hi 36,13 b.14). Zu Leidenden sind sie nicht ohne eigenes Verschulden, nicht ohne hybrides Widerstreben geworden (Ps 107,11; parallel Hi 36,8—10). Auf ihre Errettung wirkt Gott erzieherisch hin: die Überheblichen wurden gedemütigt[45], mußten lernen, daß es Hilfe, Hilfe von menschlicher Seite, nicht gibt (Ps 107,12; parallel Hi 36,9—10). Dies alles, auf daß sie zu Jahwe schreien (Ps 107,13; parallel Hi 36,13 b). Nach dem evozierten Hilfeschrei dann (im Bilde:) die Zerreißung ihrer Fesseln (Ps 107,14 b), (ohne Bild:) die Errettung aus dem Leiden (Hi 36,15).

Die These ist nach allem vertretbar: In der II. Strophe ist, nicht anders als zuvor in der I., Bild und Sache auseinanderzuhalten. *Bild* ist, was sich um das Gefangensein gruppiert: das Eisen (v. 10), die Fesseln (v. 14) und auch das Zerreißen derselben (ebd.). Die in diesen Bildern umschriebene *Sache* ist, abgekürzt und vorläufig gesagt, unentrinnbares Leiden, aus dem aber der vom Leidenden angerufene Jahwe heraushol.

---

[41] Vgl. (mutatis mutandis) D. Winton Thomas, Hebrew עֲנִי 'captivity', JThS 16 (1965) 444.

[42] Auch nicht durch philologische Konstruktionen. In Hi 36 ist jedenfalls der Gesamtsachverhalt in sich so klar, daß er durch eine vom Arabischen hergeleitete, weitergeholte andere Bedeutungsbestimmung (»Gefangenschaft«) nicht durcheinandergebracht werden sollte. In Ps 107,10 verhält es sich, wie ich meine, nicht anders. Gegen D. Winton Thomas a. a. O. 444—445.

[43] Vgl. die im zweiten Teil der Ziff. 3.2 zusammengestellten Bezüge zum Buche Hiob.

[44] Begründungen hierzu im folgenden.

[45] Der LXX-Wiedergabe entsprechend ist ni. *wajjikkanaʿ* als ursprünglichere Lesart anzunehmen.

Sowenig wie in der I. Strophe handelt es sich in der II. nur um ein einziges Bild, eine einzige Metapher. Auf die des Gefangen- und Gefesseltseins folgt die Metapher der Zerreißung der Fesseln (v. 10b. v. 14b). Also haben wir es so wie in der I. auch in der II. Strophe mit einer »erweiterten Metapher«, mit einem »Gleichnis« zu tun[46]. Ist die Strophe im ganzen zur Gattung des Hymnus zu rechnen[47], so erhält sie durch die Rede im Gleichnis noch ein besonderes Gepräge.

In alledem ist Strophe II der Strophe I ganz affin. Nur in einem unterscheidet sie sich in geringfügiger, aber doch nennenswerter Weise: Hält in Strophe I ein und dieselbe gleichnishafte Rede vom Anfang bis zum Ende durch, so ist dies im Falle der Strophe II nicht der Fall. In ihrer Schlußzeile, v. 16, ist das Bildfeld der Gefangenschaft verlassen[48], ein anderes Bildfeld betreten, das des Städteeroberns. Nur eine oberflächliche Betrachtung könnte zu der Meinung gelangen, hier sei unmetaphorisch-direkt vom Auftun der Gefängnistore die Rede. Zweifel hieran wären schon allein der Dürftigkeit antik-israelitischer Gefängnisse (Verliese) wegen am Platz[49], die bronzene Tore schwerlich gehabt haben[50]. Die traditionsgeschichtliche Betrachtung legt indes klar, daß hier aus einem deuterojesajanischen Orakel zitiert ist (Jes 45,2b), das dem Perserkönig Kyros zugedacht war (Jes 45,1). Jahwe, der souveräne Herr der Völkergeschichte, zerbricht, seinem Gesalbten vorausgehend, Stadttore vor ihm und sprengt deren Riegel. Müßte nicht der, so möchte man fragen, der im Text der Strophe das Geschick eingekerkerter Individuen angesprochen sein läßt, die Diskrepanz empfinden zwischen dem Erleben einzelner Inhaftierter und dem in v. 16 gepriesenen machtvollen Gotteshandeln in völkergeschichtlicher Dimensionierung? Löst sich diese Diskrepanz nicht dann auf, wenn hier und wenn dort gleicherweise metaphorisch geredet wird? Dort im Grunde von Auseinandersetzungen mit dem Leid und dem Leiden, hier von der Gottesgewalt, die deren Umklammerung sprengt? Gewiß, für sich genommen, mag diese Überlegung wenig beweiskräftig sein. Man wird aber zugeben müssen, daß sie zur voraufgehenden Beweisführung paßt und wie eine Bestätigung wirkt: Durch die ganze Strophe hindurch, nicht bloß an deren Ende, Metaphern! Ein durchlaufender Faden gleichnishafter Rede! Allerdings aus zwei Bildfeldern, nicht nur aus einem, gesponnen. Der Übergang liegt vor dem 16. Vers. Die Dimension des völkergeschichtlichen Geschehens ist vielleicht schon dem Halbvers 14b nicht ganz fremd, schenkt man dem Umstand Beachtung, daß in diesem Stichos *so* formuliert ist wie in einem der Königslieder (vgl. Ps 107,14b mit der Königs-

---

[46] Vgl. H. Weinrich a. a. O. 337.
[47] Vgl. oben Ziff. 2.2.
[48] Ad vocem Bildfeld vgl. H. Weinrich a. a. O. 341.
[49] Vgl. etwa die Ausführungen bei H.-J. Kraus a. a. O. 738/739.
[50] Dies bemerkt sehr zu Recht auch B. Duhm a. a. O. 390.

psalmstelle 2,3 a). Jahwes Kampf mit dem Leid, mit dem Leiden in der Welt, erfordert die Gewalt des Gottkönigs. Die Machttaten, die er in der Sprache der Königsorakel[51] den Großen der Völkergeschichte verheißt, sind, wenn es um die Überwindung des Leids und des Leidens geht, mitnichten überdimensioniert. Sie würden dies, um es noch einmal zu sagen, eher sein, handelte es sich nur um göttliche Interventionen auf der Ebene individuellen Strafvollzugs. Die opinio plurium hat wirklich nicht sehr viel für sich!

Präzisiert man zum Beschlusse, worum es in Strophe II *der Sache nach* geht, so sind *die* zum Lob aufgerufen, die, nicht ohne Selbstverschulden, dem Leiden anheimgefallen waren, so, daß sie im Finstern lebten (107,10 a). Im Finstern sein — das ist nicht besser, als in der Wüste umherirren (107,4 a). In der Wüste manifestiert sich, wie schon einmal vermerkt, der Tod[52]. Finsternis ist, zumal in poetischen alttestamentlichen Texten, Symbol[53] für den Tod[54]. Es ist natürlich kein Zufall, daß exakt in derselben Position im Aufbau der beiden ersten Strophen, jeweils im Eingang derselben, äquivalente Symbole erscheinen. Die Ausgangslage für die, die nachgerade Gotteslob schulden, war hier wie dort von ebenderselben Art. — Auch das mit *hošæk* verknüpfte, philologisch nicht ausdiskutierte *șalmawæt*[55] schlägt, so viel ist wenigstens sicher, genau in dieselbe Kerbe: Es hat, in einem Wortpaar mit *hošæk* vereint, dieselbe Negativbedeutung, meint möglicherweise tatsächlich — in negativ-superlativischer Zuspitzung[56] — den »intensivsten Schatten«, so etwas wie »Stockfinsternis«[57]. Im vorliegenden Falle ist wichtig, gerade auch das zum Tragen zu bringen, was die überlieferungsgeschichtliche Erhebung ergab[58]: Der Umstand, daß in den Text unserer II. Strophe relativ viele Hiobbucheinflüsse hereinspielen, verleiht der Art, in der die Vokabel in jenem Bereiche gebraucht ist, großes Gewicht. Die Orientierung an der Hiobbuchdichtung ist vollends darum vonnöten, weil eben das Wortpaar, der Parallelismus von *hošæk* und *șalmawæt,* nicht bloß das eine *oder* das andere Wort, wie schon einmal vermerkt, außer in Ps 107,10 just nur noch im Buche Hiob, dort aber dafür gleich mehrfach vorkommt. Unter diesem Umstande hat es größte Bedeutung, daß das Wortpaar in »Hiob«

---

[51] Vgl. dazu C. Westermann a. a. O. 130.
[52] Vgl. hierzu noch einmal N. J. Tromp a. a. O. 130 ff.
[53] Ad vocem W. Bühlmann—K. Scherer, Stilfiguren der Bibel, BiBe 10, 1973, 72 f.
[54] Mit N. J. Tromp a. a. O. 142.
[55] Vgl. in dieser Hinsicht vor allem D. Winton Thomas, צַלְמָוֶת in the Old Testament, JSSt 7 (1962) 191—200, 196 ff., dazuhin N. J. Tromp a. a. O. 140—142.
[56] Mit Tromp a. a. O. 141/142; in Würdigung des Arguments, daß, sollte ein Superlativ im Spiel sein, *mawæt* im Gegensatz zu *'el* eine Steigerung im ungünstigen Sinn zustandebringen müßte.
[57] D. Winton Thomas a. a. O. 196—200.
[58] Vgl. oben Ziff. 3.2.

extreme negativa ausdrückt: Es kennzeichnet in 10,21 das Land ohne Wiederkehr, die Welt der Toten. Es umschreibt in Hiobs schrecklicher Selbstverfluchung, Kap. 3,5, die zerstörerischen Mächte des Chaos. Und es kommt in 34,22 im Hinblick auf Bösewichter *(po‘ᵃlê 'awæn)* zur Sprache[59]. Insgesamt ist zu sagen, daß durch das Wortpaar, das die II. Psalmstrophe einleitet, tatsächlich Assoziationen mit der Sphäre des Todes und der Zerstörung geweckt werden. Das rechtfertigt natürlich keine generalisierende Bedeutungsbestimmung, wohl aber — auf Grund der allmählich notorischen Querverbindungen überlieferungsgeschichtlicher Art, die zwischen der Hiobdichtung und unserer Psalmstrophe laufen — die Folgerung, diejenigen, die in 107,10—16 apostrophiert werden, seien als dem Leiden verfallene Menschen bereits auch in der Sphäre des Todes, der Zerstörung gewesen.

In einer Weise, die ganz ähnlich in der Hiobdichtung hervortritt, erwächst aus diesem In-der-Finsternis-Sein des Leidenden die *Krise*. Verharrt er in seinem hybriden Widerstreben gegen Gottes Worte und Plan (107,11), so verfällt er endgültig dem Tode (vgl. Hi 36,13—14). Wird er durch die Mühsal des Leidens gedemütigt und — läßt er sich hierdurch demütigen (107,12)[60], so schreit er in der Folge zu Jahwe um Hilfe (107,13) und wird von diesem aus dem Leiden, aus der schon bedrohlichen Reichweite des Todes errettet (107,14). Verdient es nicht alle Beachtung, daß parallel zur Zerreißung der Fesseln (107,14b) die Herausführung aus dem Dunkel, dem Stockfinstern (107,14a) ausgesagt wird, oder unmetaphorisch, parallel zur Befreiung vom Leiden die Herauslösung aus dem Bannkreis des Todes?

Man trüge dem hymnischen Duktus der Strophe nicht Rechnung, stellte man die Sache so dar, als sei in Ps 107,10ff. die Krise der Leidenden noch offen, noch immer akut. Die Krise ist vielmehr durchstanden. Die Gefahr, sich falsch zu entscheiden, ist nicht mehr. Es wird ihrer entsprechend — sehr im Unterschied zu Hi 36,12.13! — ja auch nicht mehr Erwähnung getan. — Nicht die Leidenden selbst haben die Krise gemeistert. Daß sie demütigen Herzens zu Gott riefen, ist ihnen, wie der Wortlaut des Stichos 12a[61] präzise zu erkennen gibt, *widerfahren*. Zentral ist in der Erfahrung der Leidenden, daß Jahwe, zu welchem sie riefen, half (107,13bβ). Die Überwindung der Krise der Leidenden, in welcher der Tod schon so nah war, ist ausgesprochenermaßen Erweis der wunderbar großherzigen Zuwendung Jahwes[62] (107,15). Die in der Krise des Leidens waren, die aus ihr errettet wurden, die sollen Jahwe, eben dieser Zu-

---

[59] Es lohnt sich hier nicht, die Kompliziertheit des letztgenannten Gedankenganges auseinanderzulegen.
[60] Siehe oben S. 42, Anm. 45.
[61] Man berücksichtige auch hierbei S. 42, Anm. 45.
[62] So im Anschluß an H. J. Stoebe, חֶסֶד *hæsæd* Güte, THAT, I 1971, 600—618.

wendung wegen, preisen. Quintessenz der Lobpreisung ist, daß dieser Gott — mit derselben Gewalt, mit der er in der Geschichte der Völker Stadttore aufbricht (Jes 45,2 b) — auch die Fixierungen im Leiden aufsprengt, aufgesprengt hat und auch künftighin aufsprengen kann[63].

4.3. Bisher, bei den Strophen I und II, machte uns eines zu schaffen: die Schwierigkeit, Bild und Sache, Gleichnis und eigentlich Gemeintes richtig zu unterscheiden, ja, zunächst und vor allem, Bild und Gleichnis überhaupt als solche zu erkennen. Bei der inhaltlichen Näherbestimmung der jetzt anstehenden III. Strophe (v. 17—22) stellt sich das genannte Problem im Prinzip und in praxi zwar auch, ist aber leichter, mit geringerem Aufwand, zu lösen.

Freilich, so leicht wie die Aufgabe sein könnte, ist sie — durch das Zutun einiger Exegeten — nun auch wieder nicht. Da ist die Idee auf dem Plan, das, was Strophe III von »Kranken« und deren »Genesung« sage, sei, recht verstanden, gleichnishaft, sei ein Vergleich, der kollektiv, nicht individuell bezogen, der Gemeinde des Exiles gelte (»Israel in misery in Babylon«[64]). Die Exulanten siechten dahin, seien, nachdem sie Jahwe zu Hilfe gerufen hätten, im Bilde gesprochen, »geheilt«, ohne Bild gesagt, aus der Gola befreit worden[65].

Was im Falle der Strophe II, wie ich meine, Berechtigung hatte, nämlich, in den Motiven rund um das Gefangensein Gleichnishaftes zu sehen[66], läßt sich, mutatis mutandis auf Strophe III angewandt, von deren Wortlaut und Substanz her nicht rechtfertigen. Denn an nicht einer einzigen Stelle des Texts dieser Strophe, an keiner noch so winzigen, kann der Eindruck entstehen, da blitze durch die Schicht einer gleichnishaften Rede die eigentlich gemeinte Sache hindurch, enthüllten sich Kranksein und Wiedergenesung als metaphorische Umschreibungen der Nöte der Gola und der Befreiung aus ihr.

Setzt man wie in den voraufgehenden Fällen den überlieferungsgeschichtlichen Hebel an, bringt also ein, was die überlieferungsgeschichtliche Analyse ergab[67], so findet sich im Text unserer Strophe schlechterdings nichts, was sich, einen Anschluß an den geschichtlichen Komplex von babylonischem Exil und Repatriierung vermittelnd, auf Worte des

---

[63] Mit Skepsis sei in diesem Zusammenhang auf die Meinung J. Krolls verwiesen: Gott und Hölle. Der Mythos vom Descensuskampfe, 1932, 343 f. Richtig ist, daß Ps 107,16, das an seinem überlieferungsgeschichtlichen Ausgangspunkt (als Königsorakel) Städteeroberung im Auge gehabt hat, in der Verbindung mit der in Strophe II gemeinten »Sache« im Endeffekt zu der Bedeutung gelangt ist, Jahwe habe auch Macht über das Leiden und die mit ihm ins Leben der Betroffenen hineinreichende Todessphäre.
[64] E. J. Kissane a. a. O. 498.
[65] Ders. a. a. O. 494.498.499.
[66] Nebenbei gesagt: individuell und nicht wie bei E. J. Kissane kollektiv orientiert.
[67] Vgl. oben Ziff. 3.3.

Propheten Deuterojesaja bezöge[68]. Prädominant sind Beziehungen zu Elementen der Weisheit. Auch dieses Faktum spricht nicht eben dafür, daß Erfahrungen aus dem Bereich der großen Geschichte – in eigenartiger Verkleidung! – den Kernbestand der III. Strophe darstellten. Die Prädominanz der Bezüge zu sapientialen Traditionen läßt vielmehr erwarten, es gehe um Probleme und Erfahrungen einzelner Menschen vor Gott.

Aber genug des Argumentierens! Die Beweislast dafür, daß Strophe III nicht so, wie es dem einfachen Wortsinn entspräche, verstanden werden dürfe, liegt ohnehin bei der Gegenseite! Dort aber wird ein Beweis nicht erbracht, wird allenfalls suggeriert[69]. Genau genommen wird der Sinn der Strophe III nicht aus dieser selbst deduziert, sondern aus dem einleitenden Passus v. 2–3 bzw. aus der Auffassung, die diesen Versen zuteil wurde; und dies alles von der Voraussetzung aus, beide Psalmteile stammten vom selben Verfasser. Die Fragwürdigkeit dieses Verfahrens haben wir schon einmal, gleich bei der ersten Auseinandersetzung ebendieser Art[70], konstatiert. Strophe III hat, wie alle anderen Psalmteile auch, Anspruch darauf, zunächst einmal selber, ohne von entlegenen Kontextstücken übertönt zu werden, zur Geltung zu kommen.

Sucht man die Besonderheit der Strophe III zu erfassen, so verdient wohl, gerade im Vergleich mit den voraufgehenden Strophen, Beachtung, daß die Sprache in v. 17 ff. nicht durchgängig metaphorisch oder gar gleichnishaft ist. Die Sache selbst liegt zutage, wenigstens allermeist. – Andererseits ist es nicht so, daß Metaphern überhaupt nicht vorkämen. Das wäre zuviel gesagt. Ja, es kommt gar, wenn nicht zum Gleichnis, so doch zu einer – wenigstens ansatzweise – erweiterten Metapher. Diese aber deckt, und hier fängt die Besonderheit an, bei weitem nicht die Sache, die ganze Sache, um die es in dieser III. Strophe geht.

Verfolgt man diesen Gesichtspunkt im einzelnen, so ist eine erste Metapher gleich eingangs, im Halbvers 17a, festzustellen: Es ist die Metapher des Wegs (von den meisten deutschsprachigen Kommentatoren vorsorglich mit »Wandel« umschrieben). Es ist, nebenbei gesagt, ebendieselbe Metapher, die schon in Strophe I eine Schlüsselstellung einnimmt (v. 4.7). Ist es dort der verfehlte und – dei gratia – wiedergefundene Weg, so ist es auch hier, in v. 17, der in die Irre führende Weg, der im Geplagt-Werden endet (hitp. von ʿnh II). – Erweitert ist diese Metapher, wenn ich's recht sehe, insofern, als im 18. Vers der Gedanke des Hinkommens, des bis zu einem bestimmten Punkte Gelangens (hi. von $ngʿ + ʿăd$) das

---

[68] Jes 55,11 hat allgemeinere Bedeutung und nur sehr indirekt mit jenem Thema zu tun. Das Wort beschließt den Epilog des zweiten Jesajabuchteils und steht mit der hinzugefügten Verheißung 55,12–13 in keinem ursprünglichen Zusammenhang. Vgl. dazu C. Westermann a. a. O. 230ff.
[69] Dies darf man mit Fug und Recht über das, was Kissane (a. a. O.) ausführt, sagen.
[70] Vgl. eingangs der Ziff. 4.1.

Bild vom Weg im Blick auf ein Ziel vervollständigt. Ziel sind die *šaʿarê mawæt*, die »Pforten des Todes« (v. 18 b). Eine Metapher stellen sie nicht dar[71], nur eine sehr anschauliche, bildhafte Vorstellung vom Eingang zur Totenwelt. Ziel und Ende des Wegs von v. 17 ist die Sphäre der Toten, wenn nicht als ummauerte Stadt, so doch als umschlossener Bereich konzipiert, in den nur durch bestimmte Pforten hineinzugelangen ist[72]. – In v. 20, der übernächsten poetischen Zeile, gesellt sich eine weitere Metapher, zum selben Bildfeld gehörig[73], hinzu: je nachdem, wie man den hebräischen Text meint fassen zu sollen[74], *šeḥît* oder *šăḥăt*, zu deutsch wohl am ehesten »Grube«[75]. Auch sie kann zur Scheol, der Welt der Toten, Bezug haben[76], bezieht sich im gegebenen Fall ohne Zweifel auf sie. Man wird in der Annahme nicht fehlgehen, daß sich in ihr, ebenso wie im Grabe der Toten, die Totenwelt »äußert« und manifestiert[77]. – Wiederum nur nebenbei: Was in Strophe I von der Wüste, in Strophe II vom Dunkel und Stockfinstern zu sagen war, gilt nun, in Strophe III, von der Grube. In allen drei Strophen, die wir bisher durchmustert haben, spielt die Macht- und Einwirkungssphäre des Todes eine Rolle. – In Strophe III führt der negativ gewertete Weg (v. 17a) in diese Sphäre hinein (v. 18b und 20b). Die Rettung der in dieser Strophe Apostrophierten[78] holt aus dieser Sphäre heraus. Was sich an Bildelementen aus dem Text herausschälen läßt, liegt damit zutage. Metaphorisch ist nur ein einziger Zusammenhang ausgedrückt, nicht aber die Sache im ganzen, nicht der Geschehensablauf, der Gegenstand unserer III. Strophe ist.

Die Frage, *um welche einzelnen* es sich im vorliegenden Falle dreht, läßt sich, im wesentlichen, aus den metaphorischen Elementen heraus nicht beantworten, hingegen aus den unmetaphorischen Aussagen zur Sache. Um so leichter sollte die Beantwortung fallen. – Aus v. 17 läßt sich, bei der jetzigen Fassung des hebräischen Textes[79], nur entnehmen, daß es sich um Menschen, die »geplagt werden«, handelt. Durch v. 18a wird in dankenswerter Griffigkeit deutlich, daß jene Menschen in einer

---

[71] Es wird hier ja nicht mit etwas anderem stillschweigend identifiziert (vgl. W. Bühlmann – K. Scherer a. a. O. 64). Es ist wirklich das Besagte selber gemeint.

[72] Vgl. im einzelnen N. J. Tromp a. a. O. 152–154.

[73] Vgl. dazu noch einmal N. J. Tromp a. a. O. 69ff. 152ff.

[74] Vgl. dazu die sich auf Kahan berufenden Kommentare von B. Duhm, H. Gunkel, R. Kittel (u. a.) z. St. Vielleicht hat in der Tat am meisten für sich, eine Verschreibung aus *miššăḥăt ḥăjjatam* anzunehmen. Siehe auch BHS.

[75] Vgl. im einzelnen N. J. Tromp a. a. O. 69–71.

[76] Ders. a. a. O. 69.

[77] Ders. a. a. O. 133.

[78] Vielleicht hat man bei der Verbalform, die das Geschehen der Rettung umschreibt, Haplographie anzunehmen und in Anlehnung an LXX und Peschitta *wîmălleṭem* zu lesen.

[79] Es spricht manches dafür, daß statt *ʾæwilîm* zunächst ein einschlägig interessantes Partizipium die Strophe eingeleitet hat. Vgl. dazu BHS sowie unten S. 51, Anm. 93.

4.3. v. 17–22

Weise geplagt werden, daß sie alle Nahrung verschmähen. Läßt dieses an sich schon mit einiger Sicherheit auf Menschen, die *krank* sind, schließen, so führt uns die motiv- und überlieferungsgeschichtliche Sondierung auf noch sichereren Boden: Wie gesagt[80], kommt 107,18a motivlich einer Stelle der Hiobdichtung, Kap. 33,20, am nächsten. Und diese Beziehungslinie ist, wie sich zeigte, mit einer ganzen Reihe anderer Affinitäten zwischen unserer Strophe und Traditionen der Weisheit verwoben. Es kann also nicht willkürlich wirken, die Nähe zur Hiobbuchstelle, 33,20, bzw. zum gesamten dortigen Abschnitt, Hi 33,19–24, zur Erhellung unserer Psalmstrophe zu nützen. Dies um so weniger, als sich unsere Strophe nicht nur in einem Punkte, sondern in mehreren Hinsichten mit jenem Passus der Hiobdichtung berührt. – Da ist nicht nur der Widerwille gegen die Nahrungsaufnahme. Da ist auch die Rede von der »Grube« (*šăḫăt*), der die Seele des Betroffenen bedrohlich genaht ist (Hi 33,22). Die motivliche Verwandtschaft mit Ps 107,20 ist deutlich[81]. Sie tritt noch eindrucksvoller hervor, registriert man dazuhin, daß es hier und dort darum geht, die der Grube genahte Seele davor gerade noch zu bewahren, daß sie ihr vollends und definitiv anheimfällt (Hi 33,24; Ps 107,20). Vielleicht reicht die Parallelität zwischen den verglichenen Texten so weit, daß sie auch noch das Motiv der von Gott ausgehenden rettenden Sendung einschließt. Im Zusammenhang der Hiobdichtung ist es ein von Gott entsandter Bote (*măl'ak*), der kündend und fürbittend Rettung vor der Grube vermittelt (Hi 33,23.24). In der uns vorliegenden Psalmstrophe entsendet Jahwe sein Wort (*šlḥ*) letztendlich mit demselben Effekt (107,20). Unbestreitbar, daß gerade bei diesem Motiv auch Unterschiede hervortreten. Zur Eigenart, in der das Motiv in der Psalmstrophe erscheint, könnte jene Krasis zwischen weisheitlichen und deuterojesajanischen Einflüssen beigetragen haben, von der schon früher die Rede gewesen ist (es spielt an der Psalmstelle ja eine Vorstellung herein, die auch in Jes 55,11 belegt ist). Wie immer sich die differenten Ausprägungen erklären, so wird man feststellen dürfen, die III. Strophe des Psalms sei dem Hiobbuchabschnitt weithin affin[82]. Nun ist es bei letzterem ganz evident, daß er – unter dem speziellen Aspekt der Einwirkungsweisen Gottes – die Not eines Kranken behandelt[83]. Man steht dann, eingedenk der Affinität zwischen den verglichenen Texten, auf tragfähigem, sicherem Boden, überträgt man auf die III. Strophe des Psalms, daß sie sich genauso um Erfahrungen von Krank-

---

[80] Vgl. oben Ziff. 3.3.
[81] Zumal, wenn die S. 48, Anm. 74 ventilierte Annahme zuträfe, d. h. *miššăḫăt* . . . zu lesen sein würde.
[82] Vgl. die Hinweise bei B. Duhm a. a. O. 390; H. Gunkel a. a. O. 472, vor allem die Bemerkung R. Kittels a. a. O. 351: »Als Grundlage scheint Hi 33,19–26 gedient zu haben.«
[83] Vgl. etwa die Kommentierung G. Fohrers, KAT XVI, 1963, 453.454.458.459.

heit und Genesung drehe. Spricht der Psalmist zudem noch von »heilen« (rp') (107,20a), wie sollte dies dann — im Rahmen des überlieferungsgeschichtlich fundierten Gesamtsachverhalts — plötzlich metaphorisch gesagt und nur übertragen gemeint sein, nicht aber in des Wortes simpler Bedeutung? Nein, Strophe III apostrophiert ohne Frage Menschen, die die Not der Krankheit, aber auch großherzig-gütige Heilung durch Jahwe selber erfahren haben. Soviel ist sicher[84]!

Die Frage bleibt, ob sich darüber hinaus noch Spezielleres ausmachen läßt, Spezielleres hinsichtlich der durchlittenen Krankheit, Spezielleres gar im Sinne einer zeitlichen Einordnung. Man wird es kaum glauben wollen, aber die Frage wird in einem der neuesten Kommentare faktisch bejaht[85]. Die in der III. Strophe umschriebene Krankheit sei ein Zwischenfall auf der Wüstenwanderung in mosaischer Zeit gewesen. Die migrierenden Präisraeliten seien von eitrigen Beulen geplagt worden. Aus der hebräischen Wendung, die die in diesem Sachzusammenhang sinnvolle und durch den Vergleich mit Hi 33 bestens gestützte »Grube« meint, wird ein Wort zurecht-konstruiert, das den Weg zu dieser gewagten Ausdeutung ebnet — alles andere als »convincingly«[86]! Es liegt auf der Hand, woraus diese Deutung erwächst: Aus der Unterstellung, das umfangreiche Psalmgedicht sei in sich abgerundet und einheitlich[87]; die im Psalmschluß, v. 36, implizierte Mosezeit-Wanderung, die mit der im Eingang des Psalmes, v. 2, erwähnten Erlösung ($g'l$) in eins gesetzt worden ist[88], soll den geschichtlichen Kontext sämtlicher Psalmteile, also auch der III. Strophe abgeben. Wie fragwürdig die Prämissen dieser Argumentationsweise sind, ist schon früher ausgeführt worden[89]. Wie gekünstelt die exegetische Durchführung jenes Ansatzes wirkt, springt dem Unbefangenen ins Auge. Man darf gewiß konstatieren, daß unser Text die Anhaltspunkte nicht hergibt, die auf spezielle Erkrankung an speziellem geschichtlichen Ort auch nur entfernt einen Schluß zuließen.

Dem Dichter der Strophe scheint ganz im Gegenteil daran gelegen gewesen zu sein, von der Not der Erkrankung so allgemein wie nur möglich zu sprechen. »... sie wurden geplagt, verweigerten alle Nahrung, ... langten (bereits) an den Pforten des Todes an.« Mehr als dies sagt der

---

[84] Vgl. auch die Beurteilung unserer Strophe in K. Seybolds Monographie: Das Gebet des Kranken im Alten Testament. Untersuchungen zur Bestimmung und Zuordnung der Krankheits- und Heilungspsalmen, BWANT 99, 1973, 31.32.38.39.59. — Nur am Rande verdient die Meinung E. Königs (1927, 194) erwähnt zu werden, Ps 107,20 spreche noch immer von Gefängnis-Gruben.
[85] Vgl. M. Dahood a. a. O. 80.86.
[86] Ders. a. a. O. 86.
[87] Ders. a. a. O. 81.89—91.
[88] Ders. a. a. O. 80ff.89ff.
[89] Vgl. oben Ziff. 4.1.

Psalmtext nicht⁹⁰, will er, wie es scheint, auch nicht sagen. Was schon einmal festgestellt wurde, dürfte hier wieder gelten: Der Aufruf zum Lobpreis, der hymnische Text beschränkt sich bewußt aufs Allgemeine, will nicht bloß in wenigen Spezialfällen anwendbar sein, sondern viele betreffen, möglichst viele in das Geschehen der Jahwelobpreisung hineinziehen. Strophe III ist in dieser Intention mit den gleicherweise absichtlich allgemein gehaltenen Strophen I und II nahe verwandt.

Unbeschadet dieses generalisierenden Zugs gehört freilich eines zu den Signalelementen der in diesen Psalmversen vorausgesetzten Krankheitsnot: die Rede ist von schweren Krankheiten, sozusagen von »Krankheiten zum Tod«. Es gehört zu ebendiesen, daß sie an die »Pforten des Todes« heran-, bzw. in die »Grube« hineinführen. Wie man sieht, treten gerade, um dieses Charakteristikum auszudrücken, die paar Metaphern, die in Strophe III sich ausmachen ließen, in Aktion. Die in diesem Psalmteil gemeinten (inzwischen genesenen) Kranken waren, um es abgekürzt zu sagen, in die Krise zwischen Tod und Leben geraten. — Vergleicht man zwischen den bisher erörterten Strophen, so tritt hier, in Strophe III, mit einiger Betonung ein Moment zutage, das mutatis mutandis, im wesentlichen aber gleich, auch in den Strophen I und II zu beobachten war. Alle drei Psalmstrophen ziehen Menschen in den Lobpreis Jahwes hinein, die nicht aus irgendwelchen Nöten Errettung erfahren haben, sondern aus der Not der alleräußersten Krise, in der es um Tod oder Leben ging. Einmal mehr Anlaß zu sagen, daß die Gemeinsamkeiten zwischen den ersten drei Strophen weit über das gemeinsame Grundschema mit seinen beiden Kehrversen⁹¹ hinausreicht; ein Faktum, auf das wir werden zurückkommen müssen.

Bleibt noch zu vermerken, daß bis zu einem gewissen Grade auch die (hier an sich nicht weiter zu erörternde) Überzeugung, Krankheit sei selber verschuldet⁹², zu jenen Gemeinsamkeiten gehört. Eine der wenigen Metaphern im Text der III. Strophe verleiht just dieser Überzeugung Ausdruck: die Metapher »Weg« in v. 17. Verursacht sind das Geplagt-Werden, die schwere Krankheit durch den Weg der Auflehnung gegen Gott⁹³. Ein

---

⁹⁰ Möglicherweise läßt sich aus Ps 107,20a noch auf die (aus der Krankheit erwachsende) Kultunfähigkeit der Patienten schließen. Mit H.-J. Kraus a. a. O. 739. Vielleicht hängt mit solcher Kultunfähigkeit auch das Motiv der Botensendung zusammen, das sowohl an der genannten Psalmstelle als auch in Hi 33,23 f. offensichtlich eine Rolle spielt. Vgl. in diesem Zusammenhang auch K. Seybold a. a. O. 59 f.
⁹¹ Siehe oben Ziff. 2.1 und 2.2.
⁹² Vgl. etwa die Notizen in M. Dahood's Kommentar: a. a. O. 85.
⁹³ Wahrscheinlich ist dieser Weg nachträglich, aus dem Geist des sapientialen Traditionskreises heraus, als Weg der »Toren« gebrandmarkt worden. Zuvor wird ein pluralisches Partizip — ebenso wie bei den anderen Strophen — den Eingang der III. Strophe gebildet haben. Vgl. BHS sowie o. S. 34, Anm. 13 und S. 48, Anm. 79.

Blick zurück auf v. 11 offenbart das Maß an gedanklicher Verwandtschaft zwischen III und II. (In Strophe I bleibt jener Überzeugung eine ähnliche Explikation, vermutlich nur der Beschaffenheit des dortigen Gleichnisses wegen, versagt. Viel hat dieser Umstand wahrscheinlich nicht zu bedeuten.)

Fragt man zum Beschlusse im Rückblick, ob und inwieweit die ersten drei Strophen *nebeneinander* Sinn zu geben vermögen, so erscheint eine überzeugende Antwort möglich: Strophe I bringt das Gotteslob derer zum Zug, die aus tödlich-kritischer Desorientierung durch den zu Hilfe gerufenen Gott auf den rechten Weg zurückgebracht wurden, auf den Weg zu einem erfüllten Leben. Strophe II bringt das Jahwelob derer in Gang, die, in den Fängen des Leidens und damit in der Sphäre des Todes gefangen, aus alledem dei gratia befreit wurden. Strophe III macht das Lob der zum Tode Erkrankten, der durch Jahwes großherzige Zuwendung Wiedergenesenen laut. Sie hebt auf einen Nottypus ab, der, verglichen mit dem im Voraufgehenden gemeinten Leiden, augenscheinlich als sui generis empfunden worden ist. Krankheit zum Tode hat ja wohl auch gegenüber anderem Leiden – dem der Trauer um einen verlorenen Menschen, dem des Alleine- und Isoliertseins, dem des Angefeindet-, Verleumdet- und Verachtetseins, auch dem an eigener Schuld und an der Verborgenheit Gottes – durchaus sein eigenes Gesicht, seine eigene, besondere Qualität. In der Trias der bisher betrachteten Strophen wird also verschiedener Notarten gedacht, die ebenso fundamental wie allgegenwärtig häufig sind und die je in ihrer umfassenden Allgemeinheit das ganze Spektrum menschlicher Nöte abdecken. Der Verbund der ersten drei Strophen will eben nicht Sonderfälle ansprechen[94], sondern alle, die in einer der fundamentalen Notarten in die Krise zwischen Tod und Leben gerieten und, gottgewirkt, deren Überwindung erlebten, in die Lobpreisung Jahwes hineinnehmen. Und eben darin erweisen die Strophen I bis III ihre ausgesprochen hymnische Art: Sie sind generell und nicht speziell motiviert, wollen, dem Charakter der Gattung gemäß, viele, ja alle, die sich durch den großherzigen Gott aus der Sphäre des Todes in die Sphäre des Lebens

---

[94] Um solche würde es sich – nach der bisher dominierenden Meinung der Kommentatoren – zumindest in drei von vier Strophen handeln: Die Errettung verirrter Karawanenführer und Geschäftsleute; die Errettung von Inhaftierten; die Errettung von in Seenot geratenen Geschäftsleuten! Man kann dann, auch wenn man die Errettung Schwerkranker einrechnet, nur feststellen, es könne schwerlich Gründe dafür gegeben haben, warum nur eben *diese* Errettungsexempel herausgestellt worden seien. Vgl. etwa C. A. und E. G. Briggs a. a. O. 362. Warum nicht mindestens *auch* die Errettung aus der im Psalter so oft beklagten Not des Verfolgt- und Angefeindetseins? Diese Fragen fallen dahin, erkennt man das wahre »Volumen« der Notarten, zu dem nicht zuletzt die Bild- und Gleichnishaftigkeit der Sprache beiträgt.

zurückgeholt fanden, in die schuldige Lobpreisung hineinziehen. Die ersten drei Strophen fügen sich in alledem überzeugend zusammen[95].

4.4. Es ist, wie ich meine, nicht zu verkennen, wie sehr sich, verglichen mit den voraufgehenden Abschnitten, der Blickwinkel in Strophe IV (v. 23−32) verengt: Nun also doch noch der Sonderfall, die ganz vereinzelten Erfahrungen in einem sehr limitierten Berufsstand!

Mit dem Aplomb, der mit dem Kopf durch die Wand gehen läßt, hat einer der Kommentatoren versucht, bei der in ihrer Eigenart querliegenden Strophe einen raschen Durchbruch zu erzielen[96]. In den von v. 2−3 her durch die bisherigen Strophen hindurch tief eingefahrenen Bahnen gelangt er von neuem zum alten Ergebnis: Was da auch immer von in Seenot geratenen und aus ihr auf wundersame Weise erretteten Menschen gesagt ist, im Grunde ist eben noch einmal von der Gemeinde die Rede, die, sturmzerzaust, aber am Ende doch glücklich, aus der babylonischen Gola nach Hause geführt worden ist. Der in andern Strophen bewährte Aspekt, es könnte in der Sprache des Psalmdichters zwischen Gleichnis und eigentlich gemeinter Sache differenziert werden müssen, ist hier, freilich *ohne* jeden Anhalt im Text, ein weiteres Mal angewandt. Dabei stimmt bedenklich, daß das getreue exegetische Pendant, welches parallel, aber entgegengesetzt, aus der anderen geschichtlichen Richtung, von den Erfahrungen der Herausführung aus Ägypten und der Wüstenwanderung her, die Strophen zu dechiffrieren versuchte, just vor unserem Abschnitt, der IV. Strophe, resignierte[97]. Und, in der Tat, hier ist eben nicht chiffriert, nicht in Metaphern, nicht in gleichnishafter Rede, gesprochen. Hier ist, was gesagt wird, *so* auch gemeint.

Dann aber führt nichts an der Feststellung vorbei, es gehe in v. 23 ff. um Geschäftsleute (ʿośê mᵉlaʾkā), noch spezieller, um Leute, die aus geschäftlichen Gründen das Meer (vermutlich das mittelländische Meer[98]) mit dem Schiff zu befahren hatten (v. 23). − Man hat gute Gründe zu der Annahme, der Kreis der in Frage kommenden Personen sei im antiken Israel verhältnismäßig klein gewesen. Im wesentlichen war das biblische Jahwevolk vom Seehandel abgeschnitten[99]. Daß Salomo Tharsisschiffe auf

---

[95] Hinsichtlich der Schlußzeile der III. Strophe, v. 22, genügt einstweilen die Anmerkung, daß hier im Unterschied zu den ki-Sätzen v. 9.16 kein resümierender Lobsatz über das Wirken und Wesen Jahwes verlautet, sondern, abweichend vom Aufbau der Strophen I und II, die jussivische Lobaufforderung von v. 21 in (form)parallelen Aufforderungssätzen ausgebaut wird. Was die Abweichung begründet und was diese bezweckt und bedeutet, wird zu gegebener Zeit bedacht werden müssen. Siehe unten Ziff. 5.6.
[96] E. J. Kissane a. a. O. 494/495.499.
[97] M. Dahood a. a. O. 80.86 ff.
[98] Mit H. G. May, Some Cosmic Connotations of MAYIM RABBÎM, »Many Waters«, JBL 74 (1955) 12.
[99] Mit C. A. Keller, Handel, in: BHH, II 1964, 636 f.

dem Meer bei den Schiffen des tyrischen Königs Hiram hatte (I Reg 10,22), die, nebenbei gesagt, nur alle drei Jahre mit ihrem Frachtgut heimgekehrt sind, scheint mehr Episode gewesen zu sein und die berühmte Ausnahme von der Regel zu bilden. Man darf nur Jes 23,1 ff. oder Ez 27.28 lesen, dann verstärkt sich der Eindruck, der Seehandel habe vor allem in der Hand des benachbarten Tyrus gelegen, weit weniger aber, oder zeitenweise überhaupt nicht, in der des alten Israel. Überaus sprechend ist, was in Jon 1,3 ff. zu lesen steht: Jona, der Jahweprophet, den, wie wir wissen, keine Geschäfte zur Seereise motivierten, muß sich — das ist, wie es scheint, selbstverständliche Voraussetzung — an Bord eines nichtisraelitischen Schiffes begeben, dessen Besatzung entsprechend aus Nichtjahweverehrern bestand (v. 5.6.9). Der Jonatext widerstrebt andererseits jeder Überspitzung: Es hat hie und da Israeliten gegeben, die tatsächlich über das Meer reisten. Ein häufiger Vorgang war dies aber mit Sicherheit nicht, auch nicht zu kommerziellem Behufe.

Der Kreis derer, die die Erfahrungen von Strophe IV gemacht haben können, engt sich, so klein er schon ist, noch zusätzlich ein. Denn in so kritische Seenot kann ja nicht jeder von denen, »die in Schiffen das Meer befuhren«, geraten sein. Wie viele waren wohl also »von Dan bis Beerseba« ausfindig zu machen, die die Verse der Strophe IV — im normalen Wortsinn, versteht sich! — auf sich zu beziehen vermochten? Es dürfte nicht zufällig sein und jedenfalls noch einmal Beachtung verdienen, daß weder ein individuelles Klage- noch Danklied im Psalter aus *der* Notlage, die Strophe IV bedichtet, sei es direkt, sei es indirekt, hervorgegangen ist[100].

Rätselhaft also, wie im antiken Israel sich immer genug Jahweverehrer zusammengefunden haben sollten, die die in der IV. Strophe besungenen Erfahrungen als die ihren wiederzuerkennen und zu bekennen vermochten! Rätselhaft um so mehr, sollte die gängige Voraussetzung zutreffen, das gewaltige »Massen-Danklied« (Ps 107!) sei im Turnus wiederholt zum Vortrag gelangt — auf Massenveranstaltungen gemeinsamer Dankopferfeiern, die »den Massentaufen oder Massentrauungen in unsren Großstädten zu vergleichen« gewesen seien[101]. Eine »Menge, die sich vor den Toren zum Heiligtum drängt«[102]! Wie soll die anteilige Menge für Strophe IV zusammengekommen sein? — Wen wundert's, daß die gelehrte Erklärung an die Grenzen des Möglichen geht und von dort Individuen herbeizukommen nötigt, damit der Vorhof des Tempels — auch mit Strophe-IV-Disponierten — voll werde? »Da stehen, gewiß in fremdartiger Tracht, die Schiffer von der Küste . . .«[103]. Rekurriert der

---

[100] Vgl. dazu oben Ziff. 3.5 unter besonderer Berücksichtigung von Anm. 27.
[101] Zitate nach H. Gunkel a. a. O. 470. Vgl. dazuhin auch H. Schmidt a. a. O. 197; E. A. Leslie a. a. O. 301 f.; H.-J. Kraus a. a. O. 737; K. Koch a. a. O. 534 f.
[102] K. Koch a. a. O. 535.
[103] H. Schmidt a. a. O. 197/198.

4.4. v. 23–32

Kommentator, der solches erschaut, gar auf Fremde, auf Nichtjahweverehrer? Immerhin, man muß es ihm lassen, er hat, anders als die meisten, wenigstens ein Empfinden für das hier implizierte Problem; schaut er doch kühnlich der Eventualität ins Auge, es könnte sich bei Strophe IV durchaus immer wieder einmal ereignet haben, daß in der sich drängenden Menge nicht ein einziger zugegen war, der so etwas wie eine Seenot, ja, gar eine Errettung aus derselben und somit einen existentiellen Zugang zu der (zu allem hin auch noch überbreiten!) Strophe besaß. Wer weiß, sollte das nun inversum, das ohnehin noch nicht überzeugend erklärte, welches am Rande einiger Zeilen der IV. Strophe gesetzt ist[104], »für den Fall des Nichtzugegenseins« einschlägig erfahrener Personen dem Rezitator des Massenpsalms plein pouvoir gegeben haben, die Maritim-Strophe stillschweigend auszulassen[105] — wie einen hic et nunc nicht benötigten Abschnitt eines agendarischen Texts?

Die Lösung des Rätsels bringt diese Überlegung wohl nicht. Das mysteriöse Zeichen steht (wie jener Erklärer selber bemerkt und angemerkt hat) ja auch weder bei *allen* Zeilen der IV. Strophe noch etwa *nur* bei ihnen, kann dann wohl auch schwerlich besagte Bedeutung gehabt haben. Aber wie dem auch sei! Eines ist richtig gesehen: nämlich, daß hier ein Psalmabschnitt vorliegt, der im Unterschied zu den drei ihm voraufgehenden Strophen nicht wirklich die Absicht gehabt haben kann, die Krisen- und Rettungserfahrungen vieler, vieler Glieder der Jahwegemeinde, zum Ausdruck zu bringen und in Lobpreisung des Gottes Israels umzusetzen. War er überhaupt zu diesem praktischen Behufe erschaffen, dann kann er – im Höchstfalle je und dann! – ganz vereinzelten und ihrem singulären Erleben zustatten gekommen sein. Fraglich, ob diese verhältnismäßig seltenen Gelegenheiten, Strophe IV in jener Funktion zu verwenden, die Erschaffung jenes Psalmteils überhaupt motivieren können.

Zumindest muß zu jener praktischen Funktionsbestimmung noch ein anderes, eher »theoretisches« Interesse gekommen sein. Vielleicht hat es darin bestanden, zu den verschiedenen Manifestationen der Sphäre und Macht des Todes, denen sich Jahwes Verehrer in praxi bedrohlich ausgesetzt sahen und die in den Strophen I bis III entsprechend umschrieben wurden, eine Todessphäre ergänzend hinzuzufügen, die in altüberkommener Überlieferung gebührend Berücksichtigung fand, eine Sphäre, in der für antike Israeliten der Tod sich nicht weniger manifestierte als in der Wüste, der Finsternis oder der Grube, dem Grab: nämlich die Sphäre des Meeres, der *măjim răbbîm* (v. 23), der *m^{e}ṣûlā* (v. 24), der *t^{e}hômôt* (v. 26). Etwas von der Bedrohlichkeit dieser Sphäre kommt in jedem dieser Begriffe zum Ausdruck, die die Psalmstrophe zur Auslotung der Dimension

---

[104] Bei Lichte besehen freilich nicht so, daß es dieser Erwägung günstig wäre. Dazu gleich im folgenden!
[105] So H. Schmidt a. a. O. 198/199.

der Bedrohung nacheinander gebraucht[106]. Insgesamt gilt: »L'océan est un monde négatif, à la manière du Shéol et du désert ...«[107]. Sollte die Skala der für die Menschen kritischen Sphären einigermaßen vollständig sein, dann durfte auf keinen Fall die Sphäre des Meeres fehlen. Dies des besonderen Gewichtes wegen, den dieses Urelement seit alters – nicht nur in Israel – hatte. Die Entmachtung und Subordination des Meeres und dessen, worin es sich darstellte, hatte in Israels Glaubenstraditionen, gerade auch in denen der Psalmen[108], einen bedeutenden Rang. Strophe IV suchte dem Rechnung zu tragen. Errettungen aus todernsten Krisen, die mußten sich, wenn man nach der Negativität der Sphären ging, Praxis hin, Praxis her, auch aus dem Meere ereignen, welches alten Israeliten in besonderem Maße unvertraut–unheimlich war.

Im Zuge der Komplettierung kamen in Strophe IV – man könnte sagen, themainhärent – bestimmte Interessen zum Tragen, die bei den ersten Strophen so nicht aufkommen konnten: vor allem das altüberlieferte Anliegen, Jahwes absolute Überlegenheit über $t^eh\hat{o}m\hat{o}t$ und $m^e\d{s}\hat{u}l\bar{a}$, über Meer und Wogen nachdrücklich hervorzuheben. Diesem Anliegen entspringen v. 25 und 29: »Er (Jahwe) gebot und bestellte den Sturmwind, und der ließ die Wogen des Meeres(?)[109] hochgehen ... Er stillte den Sturm zum Säuseln; da wurden still die Wogen des Meeres(?)[109]«. Prononcierter läßt sich's nicht sagen, daß Israels Gott unangefochtene Macht hat, das Meer und worin es sich äußert wie zuhandene Werkzeuge zu nutzen, mit ihm eine Krise zu bewirken und es hernach auch wieder zu »stillen«. Der Mythos von einer Theomachie, der Mythos, daß Jahwe sich solche Macht in einem Kampf mit dem Meer erst erfocht, liegt in diesen Versen der IV. Strophe in schwachen, fast vollends verschwimmenden Konturen im hintersten Hintergrund[110]. Das Resultat dieses Kampfes jedoch, die nunmehr bestehenden Machtverhältnisse, die souveräne Herrschaft Jahwes über das Meer, ist ein noch immer wichtiger Aspekt, den geltend zu machen, auch wenn es den Umfang der Strophe vergrößert, sich lohnt. Hat man deren Inhalt näherzubestimmen – und darum geht es uns ja –, so ist dieser mitbestimmende Faktor zu nennen.

Er zieht ein weiteres Interesse nach sich, nicht zwangsläufig, aber de facto: Der Blick, der den hoheitlichen Akten gilt, in welchen Israels Gott seine Herrschaft über das Meer erweist, wird fasziniert von dem Stück

---

[106] Zum terminus *májim rábbīm* vgl. in dieser Beziehung noch einmal H. G. May a. a. O. 10 ff., zu der Vokabel $m^e\d{s}\hat{u}l\bar{a}$ N. J. Tromp a. a. O. 57 f.; zu $t^eh\hat{o}m(\hat{o}t)$ ebd. 59 ff.

[107] Ph. Reymond, L'eau, sa vie et sa signification dans l'Ancien Testament, VTS 6, 1958, 185; dazuhin N. J. Tromp a. a. O. 130 ff.143.

[108] Vgl. etwa Ps 29,3.10; 74,13–15; 77,17; 89,10–11.26; 93,1–4; ferner Hab 3. Siehe dazu H. G. May a. a. O. 9–21.

[109] Siehe BHS.

[110] Mit H. G. May a. a. O. 17, Anm. 30.

»Natur«, das, so gewaltig, so ungeheuerlich es ist, sich jenen Herrschaftsakten imponierend willfährig fügt. V. 24 sinnt kontemplativ jenen Werken und Wundern Jahwes nach. V. 26a beschreibt mitnichten nur Not, sondern auch ein ebenso grandioses wie ungewohntes Schauspiel. V. 29 gedenkt nicht nur Jahwes souveräner Gewalt, sondern ist auch von dieser verblüffend jähen Veränderung in diesem Bereich der »Natur« ganz gefangen. V. 30 malt freudevoll-anschaulich aus, wie sich, nachdem sich die Wellen so wundersam plötzlich legen, alles zum Besten wendet. Rechnet man ein, daß »Natur« in der alles bedingenden, alles bestimmenden Relation zum Creator kein adäquater Terminus ist, so ist, mit ebendieser Einschränkung, in Strophe IV auch ein Schuß »Naturbetrachtung« im Spiel. Es hängt, so ist zu vermuten, mit dem bereits früher registrierten weisheitlichen Einschlag des der Gattung nach hymnischen Textes zusammen[111], daß hier sich mit der Lobpreisung des so erhaben waltenden Gottes Ansätze einer staunenden Naturbetrachtung verbinden. Strophe IV ist, wie ich meine, zu den Texten zu rechnen, in denen sich die Gattung des Hymnus unter dem Einfluß weisheitlichen Geistes zu einer Betrachtung und Schilderung der Natur allmählich zu öffnen beginnt[112]. In späteren weisheitlichen Hymnen des apokryphen Buchs Jesus Sirach ist diese Öffnung beträchtlich fortgeschritten: »Nach seinem Wort erbraust der Südwind, der Wirbelwind des Nordens und die Windsbraut des Sturms...« (43,17.16) »Die auf dem Meere fahren, erzählen von seiner Ausdehnung; wenn wir's mit unseren Ohren hören, werden wir starr vor Erstaunen. Dort gibt es Wunderdinge, seine staunenswerten Geschöpfe...« (43, 24.25)[113]. Es ist völlig klar, das Ps 107 Strophe IV, hiermit verglichen, nur Vorstufe ist. Der Vergleich zeigt aber die Tendenz, der »Natur« verstärkt Beachtung zu schenken. Auch sie, ebendiese Tendenz, bestimmt zu einem Teil den Inhalt der Strophe IV.

Es ist jetzt bereits klar, daß deren inhaltliche Grundstruktur nicht annähernd so einfach sein kann wie die in den Strophen I bis III. Dort haben, die notvolle Krisen erleiden, diese auch selber verursacht, im Falle der Strophen II und III ausdrücklich im Aufruhr wider Jahwe verschuldet. Mitwirkende Faktoren oder andersgeartete Ursachen spielen in keiner Weise herein. Dem Tun der Menschen entspricht ihr Ergehen. Die Krise zwischen Leben und Tod ist die von Jahwe gewollte Entsprechung. Anders in Strophe IV! Die, die in Not, in Seenot, geraten, verursachen diese nicht selbst. Keine Rede von Eigenverschulden — weder im Fall der Geschäftsleute noch in dem der professionellen Seeleute (mit denen wir ja schließlich, wie v. 27b zeigt, als eigenständiger Gruppe, nebenbei gesagt,

---

[111] Siehe dazu oben Ziff. 3.5 sowie Ziff. 2.2.
[112] Vgl. dazu H. Gunkel–J. Begrich, Einleitung in die Psalmen, 1966², 88.
[113] Zitiert nach V. Ryssel, in: E. Kautzsch (Hg.), Die Apokryphen und Pseudepigraphen des Alten Testaments, I 1900, Nachdruck 1962, 446.448.

auch noch zu rechnen haben). Es ist Jahwes hoheitliches Schalten und Walten über Meer und Wogen, das (dem Texte nach zu urteilen, unprovoziert!) die Not der übers Meer Reisenden verursacht. Es geht ja eben, zu einem nicht geringen Teile, darum, seine uneingeschränkte Macht über jenes Urelement drastisch vor Augen zu führen. Sollte darüber hinaus noch etwas anderes mitursächlich gewesen sein (allenfalls sekundär), dann eben die Wunderbarkeiten, die dem Meer, dieser absonderlichen Sparte Natur, inhärieren. – Was so verursacht zustandekommt, das ist nicht einfache, einschichtige Not. Da gibt es zwar das Im-Unheil-Verzagen (v. 26b). Es gibt aber auch, separat artikuliert, das Kuriosum der Seekrankheit (v. 27a). Und, last not least, gibt es auch noch das Am-Ende-des-Lateins-Sein der Fachleute, der Matrosen (v. 27b)[114]. Natürlich ist dies alles Not. Aber sie ist nicht in einfacher Linienführung gezeichnet, sondern in vielerlei Tupfen breit hingepinselt, mit sichtlichem Interesse für dieses und jenes Detail. – Was die Notwende erbringt – auch das sollte nicht übersehen werden –, ist beileibe nicht so tiefgreifend-elementar wie in den Strophen I bis III: Die Geschäftsleute kommen ans Ziel, ans Ziel »ihres Wohlgefallens« (v. 30), dorthin, wo sich ihre Geschäfte tätigen lassen[115]. Hat nicht der Ausgang des erzählten Geschehens in Strophe IV eine andere Qualität? – Ganz sicher andersgeartet ist die errettende Zuwendung (ḥăsdô v. 31): Sind eigenes Verursachen, Selbstverschulden, menschliche Sünde gar nicht im Spiel, so muß sich auch Jahwe, wenn er rettend interveniert, über dergleichen nicht hinwegsetzen. Vergebende Großherzigkeit kennzeichnet seine wunderbar rettende Zuwendung dann im Falle der vorliegenden Strophe nicht. – Aber, brechen wir ab! Je mehr wir den Konsequenzen der veränderten Grundanlage der IV. und letzten Strophe nachdenken, desto stärker tritt die Andersartigkeit ihres Inhalts ins Licht, desto komplizierter wird die gedankliche Substanz. Der formal gleiche Grundriß, dieselben altbekannten Kehrverse, sie können an dieser Sachlage nichts ändern. Strophe IV ist ein von verschiedenen Interessen durchzogenes, im Endeffekt kompliziertes Gebilde! Wer außer dem gelehrten Psalmisten, wer außer geschulten Theologen, wer außer engagierten Kennern der vom breiten Weg abliegenden Materie soll sich hier angesprochen gefühlt haben? Wer gar existentiell? Wer so, daß er sich genauso wie die Betroffenen der Strophen I bis III ganz elementar zu Lob, zu dankbarem Lob hätte verpflichtet fühlen können? War nicht das Ganze, einfachen Gemütern und also den Vielen spürbar, ein kunstvoll-künstliches Gebilde? Ob in einheimischer oder »in fremdartiger

---

[114] Vgl. dazu die Bemerkungen G. v. Rads, Weisheit in Israel, 1970, 34f.

[115] Es gibt einige Anhaltspunkte, die zu der Frage berechtigen, ob bei dem Worte $m^e\hat{h}\hat{o}z$ ... Bedeutungsmomente wie »Markt« oder auch »Marktplatz« mit eine Rolle gespielt haben könnten. Weiterführende (Literatur-)Hinweise bei M. Dahood a. a. O. 88.

Tracht«[116], die Leute werden sich[117] mit dieser – auch weniger einprägsam kurzen – IV. Strophe schwergetan haben. Indes, es ist, wie wir uns eingangs klargelegt haben, auch schlechterdings nicht ersichtlich, wie, gar im Turnus, wieder und wieder, antike Israeliten, aus eigenem praktischem Erleben mit den Erfahrungen der IV. Strophe vertraut und von ihr wirklich ansprechbar, zu ihrer Rezitation zuhauf gekommen sein sollten. So schließt sich der Kreis unserer Bemühung, Inhalt und Wesen dieser Strophe näherzubestimmen. Er schließt sich überzeugend exakt.

4.5. Der Psalmschluß (v. 33–43) ist vor allem von einem movens bestimmt: von dem energischen Bestreben, die Glaubensüberzeugung zu bekennen, Jahwe könne in der uneingeschränkten Macht seines Gottseins in *allen* Bereichen der Weltwirklichkeit – so, wie es ihm wohlgefällt – schalten und walten, hin und her umschaffen, umwandeln. Vergangen und vergessen ist jene Zeit, in der das Urelement Meer die Herausforderung par excellence war, mit der Jahwe fertig zu werden hatte. Strophe IV markiert die längst erlangte Gewißheit: Israels Gott kann das dermaleinst widerstrebende Meer völlig mühelos dirigieren, in diesen oder jenen Zustand versetzen; erst in den einen, dann, umschaffend, in den entgegengesetzten.

Indes – er kann dies nicht nur beim Meer! Auch bei der anderen Sparte »Natur«, auf die Strophe I die Aufmerksamkeit lenkt und die, wie die dortige Erzählung zeigt, von den Israeliten der Antike als nicht weniger negativ, todesträchtig und lebensgefährlich empfunden worden ist: auch bei der Wüste, der Steppe! Der der Umschaffung mächtige Gott hat die Wüste so gut wie das Meer im Griff. Deuterojesaja, der Prophet des babylonischen Exils, in dem die negative, weil an der Rückwanderung hindernde, gefangenhaltende Mächtigkeit der Wüste eindrücklich schmerzlich erlebt worden ist[118], hat die Gewißheit des Glaubens errungen, daß Jahwes Macht nicht vor der Wüste endet. Er vermag sie in gangbares Land zu verwandeln[119]. Deuterojesaja konzipiert *ein* umwandelndes Eingreifen Gottes, das sich in zwei verschiedenen, einander gegenläufigen Arten erweist. Zum einen hört er Jahwe sagen: »Ich mache die Wüste zum Wasserteich...« (Jes 41,18b), zum andern: »Ich mache Ströme zur Wüste...« (Jes 50,2b). Die Einsicht des Propheten in diese beiden Seiten des einen umwandelnden Gotteshandelns[120] macht sich der Psalmdichter zu eigen[121], verbindet sie – komplementär und komplettierend – mit den

---

[116] Noch einmal: H. Schmidt a. a. O. 198.
[117] Vorausgesetzt, sie waren nicht Weise. Vgl. unten die Ziffern 6.4.5 und 6.4.6.
[118] Vgl. Jes 41,17–20; 43,16–21; 48,20–21.
[119] Jes 41,18–19; 43,19; 48,21.
[120] Vgl. in diesem Zusammenhang auch C. Westermann a. a. O., insbesondere 88f.
[121] Der umgekehrte Vorgang (Rezeption der Psalmworte durch den Exilspropheten) kommt, wie wir uns oben, im Zusammenhang unserer überlieferungsgeschichtlichen Sondierung

Gedanken der Strophe IV. Was hinsichtlich des Meeres recht ist, ist bei der Wüste billig, gilt prinzipiell allenthalben: »Er (Jahwe) macht Ströme zur Wüste ...« (107,33) »Er macht die Wüste zum Wasserteich...« (107,35). Gottes umwandelnde Macht ist nicht sektoral limitiert. Es sind ihr alle Bereiche der Natur unterworfen. Mit aller Konsequenz vertritt der Psalmdichter dieses Zeugnis von seinem Gott[122].

Das ist das eine, das hauptsächliche Anliegen, das weiterzuverfolgen sein wird. Ein zweites, wie ich meine, nachgeordnetes, wirkt sicherlich mit: Der Autor des Psalmschlusses ist zugleich darauf aus, die Art und Weise, in der es zu Jahwes rettendem Eingreifen kommt, zu *homogenisieren*. Zur Rettung der in Seenot Geratenen hatte Jahwe, mittelbar wirkend, umwandelnd in die Natur eingegriffen: »Er stillte den Sturm zum Säuseln; da wurden still die Wogen des Meeres[123]«, und die in Geschäften übers Meer Reisenden waren aus der Gefahrenzone heraus (v. 29f.). Sollte die Errettung aus der Irrsal der Wüste nicht analog zustandegekommen sein? Strophe I las sich eigentlich anders; so, als hätte Jahwe die Wüste – ungewandelt – weiterhin Wüste bleiben lassen; so, als habe sich an den Umständen nichts geändert. Israels Gott salviert hier die Verirrten unvermittelt, sie ganz direkt, setzt sie, wie auch immer im einzelnen, wieder auf den rechten Weg (v. 7). – Bedurfte nicht der Eindruck, den Strophe I, vielleicht der Kürze und Prägnanz ihrer Sprache wegen, erweckte, einer Korrektur, einer zurechtrückenden Interpretation? Da war doch *der* Gott am Werk, der die Phänomene der Natur nach Belieben umwandeln konnte (v. 33.34a.35)! War Strophe I nicht entsprechend gemeint? Nämlich so: Jahwe »machte die Wüste zum Wasserteich« (v. 35a), veränderte sie, indem er ihr Wasser und somit Vegetation zuteilwerden ließ, so, daß sie gangbar wurde[124], ja, daß es in ihr – und hier wird offensichtlich v. 4 reproduziert – zur »Stadt zum Wohnen«, zur »wohnlichen Stadt« kam (v. 36). Die Notart der Strophe I, das Verfehlen, das Nichtfinden besagter Stadt, wurde *derart* behoben; über eine Veränderung der Umstände, eine Umwandlung der einschlägigen Natur! Nach der Deutung, die der Psalmschluß der I. Strophe im nachhinein zuteilwerden ließ, erfolgte die Notwende nicht anders als die in der Strophe IV. Sie ist, mit einem Worte, homogenisiert.

In der hauptsächlichen Stoßrichtung des Schlußstücks ist ein weiterer, den Inhalt wesentlich mitbestimmender Impuls zu beobachten: Der

---

(Ziff. 3.1), auf breiter Basis klargemacht haben, im Ernste nicht in Betracht. Gegebenenfalls gegen C. Westermann a. a. O. 24.88.

[122] Als Pioniertat wäre dies – eingedenk der traditionsgeschichtlichen Vorgaben im zweiten Jesajabuchteil – nicht zu bewerten.

[123] Zur textkritischen Frage vgl. oben S. 56, Anm. 109.

[124] Ganz im Sinne des herangezogenen deuterojesajanischen Kontexts 41,17.18–19. Vgl. dazu C. Westermann a. a. O. 67f.

Psalmdichter bringt seine Überzeugung zum Tragen, Jahwe habe nicht nur die Macht, in allen Bereichen der *Natur* umzuschaffen. Er habe sie auch und nicht minder im Bereich der *Geschichte*. Wie aus v. 35.36 ersichtlich, folgt aus der Umwandlung in der Natur ganz »nahtlos« eine *geschichtliche* Wandlung. Die konventionelle Art, in »Bereiche« aufzuteilen, erweist sich, nebenbei gesagt, als inadäquat, dem Denken des Psalmdichters wenig gemäß. Ein einziges umschaffungsmächtiges Gotteshandeln erstreckt sich auf alles, was existiert, gleicherweise. Die Umwandlung in der Natur (v. 35) zieht eine geschichtliche Wandlung nach sich (v. 36): Gott läßt in der gewandelten Szenerie hungrige Menschen sich ansiedeln und jene *ᶜir môšab* bauen. – Das hört sich so an, als meine der Psalmist den geschichtlichen Vorgang der Landnahme. Wenn schon, dann doch wohl den der mosaischen Zeit. Trifft dieses zu, dann sieht es ganz danach aus, als habe ihn in v. 35.36.37 zugleich die Absicht beseelt, Strophe I zurechtzuinterpretieren. Der Nachinterpretation zufolge würde es in dieser Strophe um die Erfahrungen der Landnehmenden gehen. Sie wären – nach diesem vom Primärsinn der Strophe I abgehenden Verständnis – auf ihrer Migration ins verheißene Land in verhängnisvoller Weise vom rechten Weg abgekommen[125]. Unseres Erachtens, um es noch einmal zu sagen, eine historisierende Uminterpretation! Sie verdient hier insofern Beachtung, als in ihr das Bekenntnis zum Zug kommt, Gott habe umschaffungsmächtig nicht nur natürliche Phänomene, nicht nur menschliche Einzelgeschicke gewandelt, sondern auch und gerade Geschichte im großen und ganzen, nicht nur, aber auch gewiß nicht zuletzt, die seines eigenen Volks, sie schon von Anbeginn an. Aus der I. Strophe wird herausgelesen – oder, besser gesagt, in sie hineininterpretiert –, daß dem so ist. Entsprechend wird es zum Beschlusse des Psalms auch noch explicite thematisiert.

Dieses in zwei summarischen Skizzen. Die erste umfaßt v. 36–39, die zweite v. 40–41. Die Duplizität der Skizzierung hat Gründe, die jeder Eliminierung, jeder literarkritischen Maßnahme widerraten[126]: Die erste der beiden Skizzen geht, wie gleich zutage kommen wird, dem hin und her Wandel schaffenden Gotteswirken innerhalb der Geschichte des Jahwevolks nach. Die zweite Skizze faßt, wie sich ebenfalls aufweisen läßt, das Gesichtsfeld noch einmal ausweitend, das Hin-und-her-Schaffen Gottes in der Geschichte der Völker ins Auge. Der Elan dieser Gottesbezeugung ist durchschlagend: Der Psalmdichter, der hier am Werke war, rastet und ruht nicht, bis er allüberall, bis in die Weite der Universalgeschichte hin-

---

[125] Die Nachinterpretation vertritt also bereits die Sicht der Dinge, die in der neueren Kommentierung vereinzelt aufrechterhalten wird. Zu unseren Gegengründen und dem Primärsinn vgl. oben Ziff. 4.1.
[126] Gegen C. A. und E. G. Briggs a. a. O. 362 sowie gegen B. Duhm a. a. O. 393.

ein, das eine umschaffungsmächtige Handeln Jahwes wiedergefunden und aufgezeigt hat.

Es ist, wie ich meine, verständlich, daß der hier Zeugnis ablegende Dichter kaum ins Detail gehen konnte. Er versucht es, vom Duktus der Umwandlungen in der Natur beflügelt, noch am ehesten zu Beginn seiner ersten Skizze, verzichtet dann aber im weiteren. Das setzt dementsprechend der gelehrten Bemühung, einzelne Züge der Darstellung geschichtlich zu identifizieren[127], unüberwindliche Grenzen, erweist sie, mindestens teilweise, als geradezu unsachgemäß. Allenfalls läßt sich sagen: V. 36 skizziert die Seßhaftwerdung, v. 37 Akte der Kulturlanderschließung, v. 38 Besitzstandmehrungen verschiedener Art in dem von Gott verliehenen Lande. Es scheint sich hier zu erhärten, daß die erste der beiden Skizzen auf die Geschichte des Jahwevolks abhebt. Die Schlußzeile, v. 39, ist dann aber mehr als summarisch, deutet nur noch, ganz grob, eine Entwicklungslinie an. – Was die zweite Skizze angeht, so wird man die in v. 40 gezeichneten Züge schlechterdings nicht verstehen können, ohne den Kontext in Betracht zu ziehen, aus dem sie, wie bewiesen[128], in wortgetreuen Zitaten deduziert worden sind. Der Kontext ist aber, um dies in Erinnerung zu rufen, Hi 12,21–25, im weiteren Sinne Hi 12,12–25[129]. In ihm ist die Handlungsweise Gottes im Blick auf die Völkerwelt im ganzen gekennzeichnet, der Blickwinkel universal geöffnet[130]. Es deutet nichts darauf hin, daß er in Ps 107,40 wieder enger gefaßt worden wäre. Über alle Grenzen hinweg ist im Blick auf das Ganze zu sagen, daß Gott mit erschreckender Urplötzlichkeit Verachtung über Vornehme auszuschütten und sie in die Irre, in die weglose Irre, zu führen vermag. Nicht nur in Israel; allenthalben! Ps 107,41a kreist möglicherweise wieder stärker um innergemeindliche Erfahrungen und Erwartungen, ist aber, zieht man Hi 5,11 in Betracht, vielleicht zugleich genereller gültig. Wie dem auch sei, so viel bleibt festzustellen, daß die zweite Skizze im Psalmschluß, im Unterschied zur ersten, das Geschehen im Bereiche der Völker mit einschließt.

Damit lassen sich die Grundlinien des Bekenntnisses nachzeichnen, an welchem dem Psalmisten wesentlich liegt: Es geht ihm darum, die Macht und die Art Jahwes, zu schaffen und umzuschaffen, die sich in geschichtlichen Auf- und Abwärtsbewegungen manifestieren, in Grundzügen vor Augen zu führen. *So ist Israels Gott*: Er wühlt nicht nur das Meer auf und »stillt« es auch wieder. Er verwandelt nicht nur Kulturland in Wüste und umgekehrt. Er wandelt auch nicht nur, wie die vier Strophen bezeu-

---

[127] Vgl. beispielsweise A. A. Anderson a. a. O. 757, überdies die bei Gunkel (a. a. O. 473) kritisch erwähnten historischen Identifizierungsversuche.
[128] Vgl. dazu oben Ziff. 3.1.
[129] Vgl. G. Fohrer a. a. O. 233.240.245.246.
[130] Vgl. Fohrer a. a. O. 242.246.

gen, das Geschick einzelner Menschen hin und her. Er schafft vielmehr ebenso Wandel, so und in gegenläufiger Richtung, im Maßstab der großen Geschichte. Er steht hinter dem Atem verschlagenden, demütig machenden Auf und Ab in der Geschichte des Jahwevolks. Auch hinter dem in der Völkergeschichte. Was ersteres betrifft, so bewirkt er die Aufwärtsbewegung von der Seßhaftwerdung bis hin zur Einbringung der Frucht des Kulturlands, bis hin zur Mehrung des Volks und des Viehs (v. 36–38). Er steht hinter der Abwärtsbewegung nicht minder, die, wie es in inhaltsschweren, lakonischen Andeutungen heißt, zur Minderung der Bestände und zum Gebeugtwerden gereicht (v. 39a).

An dieser Stelle des Versuchs, die Grundzüge der Skizze nachzuzeichnen, läßt sich en passant eine Streitfrage klären: Die Gesamtintention, die den Psalmisten in v. 36–41 beseelt, kann keinen Zweifel daran aufkommen lassen, daß v. 39 v. 38 fortsetzen muß, im masoretischen Text also an der richtigen Stelle tradiert ist und nicht verpflanzt werden darf[131]. Die Stilfigur der reduplicatio, der Epanastrophe[132], anwendend, wiederholt der Psalmist die Wurzel $m^c t$, mit der v. 38 endet, zu Beginn von v. 39. Damit, daß Jahwe die Zahl nicht gering gemacht hatte, die Zahl an Vieh, dem Sinne nach auch die der Menschen in seinem Volk, ist der Kulminationspunkt der Aufwärtsbewegung erreicht. Er wird unversehens zur Peripetie, zum Wendepunkt der gottgewirkten Geschichte. Das negierte hi. von $m^c t$ hat jählings und mysteriös-erklärungsbedürftig das q. von $m^c t$ zur Fortsetzung. Düster-schwere Abbreviaturen umschreiben die bestürzende Gegenbewegung, die in die Dezimierung, in das Gebeugtwerden führt (v. 39a). Dem Auf korrespondiert ein Nieder. Ohne das letztere wäre, was Jahwes Umschaffen charakterisiert, nicht komplett.

Die zweite, die Völkergeschichte einbeziehende Skizze zeigt noch einmal, dieses Mal in spiegelbildlich verlaufenden, aus der Höhe in die Tiefe und aus der Tiefe wieder in die Höhe führenden Linien, die seltsame Gegenbewegung, in der sich das souverän umschaffende Handeln Jahwes äußert. Hochgestellte werden verachtet, geraten ausweglos in die Irre (v. 40). Arme werden aus der Tiefe ihres Leidens[133] hochgehoben und in Schutz genommen (v. 41a), ja, sogar auf die Höhe des Kulminationspunkts, der in v. 38 erreicht war, durch eine »herdengleiche« Vermehrung ihrer Zahl emporgebracht (v. 41b). – Nachgerade steht fest, daß es dem Dichter dieser Schlußverse allenthalben um den Aufweis ging, in allem, was sei, wirke dasselbe hin und her umschaffende Handeln Gottes.

---

[131] Gegen H. Gunkel a. a. O. 470.473; H.-J. Kraus a. a. O. 735.736; E. J. Kissane a. a. O. 500; F. Nötscher a. a. O. 241 u. a. m.
[132] Vgl. W. Bühlmann–K. Scherer a. a. O. 25 f.
[133] Die Wortwahl ist vielleicht auch im Rückblick auf den Eingang der II. Strophe (v. 10b) erfolgt.

Doch damit ist noch keineswegs alles gesagt! Wäre, was wir bislang eruierten, die *ganze* Gottesbezeugung des Psalmdichters, was könnte sie vor dem Urteil bewahren, sie gelte einem despotischen Gott?[134] Wäre Gott tatsächlich die »frei schaltende Macht«[135], die, allem entzogen-überlegen, nach Belieben hin und her umschafft, müßte sie nicht Furcht, nicht Schrecken verbreiten, Fatalismus und Ohnmacht hervorrufen? — Es scheint, daß dem Verfasser der Schlußverse diese Frage nicht unbewußt war, ja, daß er, so gut wie er konnte, Korrektive einzubringen versuchte. Schon insofern, als er nicht einfach fortfuhr, im Duktus der IV. Strophe zu dichten, die ihrerseits eine frei schaltende, waltende Gottheit bezeugt hatte, die allerdings für die durch dieses Schalten und Walten betroffenen, hilfesuchenden Menschen großherzig zugänglich blieb (v. 28 ff.)[136]. Der Autor des Schlußstückes nahm, über die IV. Strophe hinweg zurückgreifend, die Ansätze in der II. und III. Strophe wieder auf, die das Unheil der Betroffenen *begründeten* (v. 11.17). Wenn Jahwe »Ströme zur Wüste machte« (v. 33), wenn er fruchtbares Land versalzte (v. 34a), dann tat er dies nicht ohne Ursache: Er tat es, »der Bosheit seiner Bewohner wegen« (v. 34b). Gott *strafte*[137], handelte nicht willkürlich, zufällig, »kontingent«[138], sondern mit einleuchtender innerer Notwendigkeit. Er reagierte nach einer von ihm selber gesetzten (nicht etwa ihm »vorgesetzten«) Ordnung auf das böse Tun der Landesbewohner mit einem entsprechend bösen, unheilvollen Ergehen. So war der Sinn des gottgewirkten geschichtlichen Ablaufs erkennbar und klar, ließ sich demgemäß didaktisch-paränetisch einsetzen (v. 42.43).

Die Begründung der geschichtlichen Abwärtsbewegung, die — in v. 39, am Ende der ersten der beiden Skizzen — das Jahwevolk selber betrifft, ist, verglichen mit der Motivation in v. 34b, indirekt und verhalten: Sie läßt das Wenigerwerden, das Gebeugtwerden der Glieder der Gottesgemeinde »unter dem Druck des Unheils (*raʿā*) und des Kummers (*jāgôn*)« geschehen. Sollte hier eine Regung im Spiel sein, dem Eingeständnis eigener Schuld zu entgehen? Sollte hier gar ein Quentchen des Geistes nachwirken, der der vereinfachend glatten Logik der Freunde Hiobs widerstrebte und die Frage aufwerfen ließ, ob es denn nicht auch Unheil und Kummer ohne eigenes Verschulden gebe? (So zu fragen, ist bei einem Gedicht, das erwiesenermaßen in Kenntnis des Hiobbuches entstand, nicht völlig ohne Sinn und Verstand!) — Indes, die Fragen zu bejahen, fällt

---

[134] H. Gunkel (a. a. O. 473) urteilt in diesem Sinne.
[135] R. Kittel a. a. O. 352.
[136] Vgl. die Analyse in Ziff. 4.4.
[137] In Gunkels Sinne war damit wohl der despotische Gottesbegriff »ins Sittliche erhoben« (a. a. O.).
[138] Zum Verständnis dieses Ausdrucks vgl. G. v. Rad a. a. O. 165 f.

schwer. Denn: ist für den hier redenden Psalmdichter »Unheil« (*ra'ā*) nicht eo ipso schon immer die Folge von »Bosheit« (*ra'ā*)? Liegt es nicht an der Breviloquenz, mit der hier weitläufige Zusammenhänge verarbeitet sind, daß eigenes Verschulden als prima causa stillschweigend vorausgesetzt wird? Eigentlich muß es so sein[139]. Wie könnte der Psalmdichter sonst schon im nächsten Atemzug sagen, die »Rechtschaffenen« würden sich, sähen sie dieses Auf und Nieder, freuen (v. 42)? Solche Freude setzt zwingend voraus, daß da nicht Unheil und Kummer hereinwirken, die unverschuldeter Art sind, die völlig Schuldlose, »Rechtschaffene«, treffen. Nur so ist auch die paränetische Zuspitzung möglich, die am Ende des Schlußteils erfolgt (v. 42.43). Jahwes umschaffungsmächtiges Handeln entbehrt nicht der inneren Notwendigkeit, ist nicht grundlos, willkürlich, despotisch!

Das gilt auch von den korrespondierenden Aufwärtsbewegungen (v. 35–38.41). Daß Jahwe Hungernden hilft (v. 36), daß er die Seinen segnet (v. 38), daß er Arme aus ihrem Leiden erhebt (v. 41), ist stets von der gleichen Art: Es ist unverdientermaßen, spontan, mehr als selbstverständlich und erwartbar, kurz, Ausdruck großherzigen Zugewandtseins. Der Psalmdichter erklärt auch ausdrücklich, wie er die aufwärtsgerichteten Akte versteht. Er sieht in ihnen *ḥăsdê jhwh* (v. 43): Erweise von Jahwes *ḥæsæd*, was, wie überzeugend gezeigt worden ist[140], just dieses über das Selbstverständliche und Erwartbare hinausgehende, großherzig-gütige Zugewandtsein Gottes umschreibt. Nach der Glaubensüberzeugung des Psalmdichters war in allem, was bislang geschah, – jedenfalls für den verständigen Weisen – nicht nur die Natur und Geschichte bestimmende Umschaffungsmöglichkeit Jahwes erkennbar, sondern auch und nicht minder sein großherzig-gütiges Zugewandtsein, sein Offen- und Bereitsein für die Seinen, für alle, die ihn Gott und Helfer sein ließen. Nicht von ungefähr läßt der hier Zeugnis ablegende Dichter, die Stilfigur der inclusio verwendend[141], die *ḥăsdê jhwh* das Erste und Letzte sein, das A und das O, das alles andere umfängt. – Beides, Jahwes Umschaffungsmächtigkeit und dieser sein *ḥæsæd*, in unauflöslicher Einheit verbunden, ist dem Despotischen konträr[142] und erlaubt einen Gottesglauben, der »Rechtschaffene« nicht verstummen läßt, sondern mit Freude erfüllt (v. 42). Ein

---

[139] Der Kontext im engeren Sinne ist, nota bene, ja einheitlich. Im Voraufgehenden wurde gezeigt, daß – in einem Zusammenhang, der mehrfach Umschwünge, Auf- und Abwärtsbewegungen darstellt – die Skizze v. 35 ff. ohne v. 39 nicht vollständig wäre.

[140] Vgl. noch einmal H. J. Stoebe a. a. O.

[141] Was über die Einheitlichkeit des Ps 107 im ganzen natürlich noch gar nichts aussagt. Ps 107,1 könnte ja einer Vorlage angehört haben, die inclusio dadurch zustandegekommen sein, daß ein späterer Zusatz absichtlich den Komplex, so wie er beginnt, auch ausklingen läßt. Gegen M. Dahood a. a. O. 81.91.

[142] Dies noch einmal zu Gunkels Einschätzung (a. a. O.).

bemerkenswertes Glaubenszeugnis, welches der Geringschätzung entrissen zu werden verdient[143]!

Abschließend ist noch eins zu berücksichtigen: Das Zeugnis v. 33 ff. hat, wie früher erwiesen[144], wie auch verschiedentlich wiedererwähnt, eine paränetisch-didaktische Pointe. Es will zwar, seiner hymnischen Prägung gemäß[145], Jahwe-Lobpreisung sein, liegt insofern auf der durch den Aufruf zum Lobpreis Ps 107,1 angerissenen Linie. Es will aber zugleich als *Paränese*, als Ermutigung und Vermahnung, wirken. Und dies nicht nur durch die Schlußzeile, v. 43, sondern auch durch die voraufgehenden indikativisch-erzählenden Sätze v. 33 ff. Hier macht sich, was die überlieferungsgeschichtliche Ortung erbrachte[146], bemerkbar: daß der Verfasser, der hier am Werk war, dem Traditionsbereich der Weisheit entstammt, daß er als Weiser charakterisiert werden muß[147]. Gerade von Israels Weisen läßt sich nun aber sagen, sie hätten oft — statt imperativisch zu vermahnen — ihre Beobachtungen und Erfahrungen indikativisch ausgesprochen und damit die Erwartung verbunden, es möchte sich, wer immer sie höre, das Notwendige selber erschließen und sagen[148]. In diesem Sinne konfrontiert die erzählerische Entfaltung, die im Medium des Hymnischen stattgehabt hat, mit Beobachtungen und Erfahrungen, hinter denen Jahwes Umschaffungsmächtigkeit steht. Der Zuhörer soll sich hier sagen, daß nichts in der geschaffenen Welt, nichts in Natur und Geschichte, eine von Gott unabhängige, von ihm nicht bestimmbare, nicht erreichbare, sichere Basis abgibt, daß es Sicherheit nur in Gott selbst gibt. Letzteres wollen die hymnisch-erzählerischen Elemente genauso bezeugen:

---

[143] Gerade auch der, die sich in der Flüchtigkeit ausspricht, mit der v. 33—43 in so vielen Kommentaren abgetan werden. Vgl. etwa R. Kittel a. a. O. 351.352; H. Schmidt a. a. O. 198; B. Bonkamp a. a. O. 479; E. A. Leslie a. a. O. 304 f.; W. O. E. Oesterley a. a. O. 452.453.456; H.-J. Kraus a. a. O. 740/741.

[144] Vgl. oben Ziff. 2.2.

[145] Vgl. auch hierzu Ziff. 2.2.

[146] Vgl. oben Ziff. 3.1.

[147] Weitere Indizien in dieser Beziehung sind o. S. 11, Anm. 26 zusammengestellt.

[148] Nach J. Kenneth Kuntz a. a. O. 193: »Israel's sages often preferred speaking observations in the indicative to uttering admonitions in the imperative. Ordinarily they expected their audience to draw out the conclusion instead of forcing 'truth' upon them in the guise of direct command.« Freilich hätte Kuntz diese Beobachtung auch auf Ps 107,33—43 anwenden sollen. Er hätte dann nicht, mit ausschließlichem Bezug auf v. 43, von einer »parenthetic wisdom admonition« sprechen können (a. a. O. 206). Indes, die Behandlung, die Kuntz Ps 107 zuteil werden läßt, krankt an der nicht weiter begründeten, stillschweigenden Voraussetzung, dieser Psalm sei ein in sich einheitliches Werk. So gesehen muß es natürlich schwerfallen, 107 in toto als Weisheitspsalm anzusehen. Für den Schlußteil dieses Psalms ist es jedoch gerechtfertigt, zumindest von einem recht ausgeprägten weisheitlichen Einschlag zu sprechen, wie dies oben, zum Beschluß der Ziff. 2.2, geschehen ist.

die verläßliche Konstanz des *ḥæsæd jhwh*. Wer immer bereit ist, auf Jahwes großherzig-gütiges Zugewandtsein zu vertrauen, hat Grund zur Hoffnung, zur Freude (v. 42 a). Komplementär führen die hymnisch-erzählenden Passagen vor Augen, mit welcher nicht minder verläßlichen Regelmäßigkeit die Wandel schaffende Gottesgewalt Bosheit mit Unheil bestraft. Wer diese Wahrnehmungen des Psalmdichters aufnimmt, der muß in seiner Bosheit verstummen (v. 42 b).

Daß hier nicht imperativisch direkt vermahnt und ermutigt wird, vielmehr indirekt, durch die Mitteilung eigener Beobachtungen, eigener Erfahrungen, in der Absicht, der Hörer möge für sich selbst die entsprechenden Schlüsse ziehen, das verleiht diesem abschließenden Psalmstück zu allem hin *didaktischen* Charakter. Belehrung im Dienst der Vermahnung, der Ermutigung, kurz, der Paränese! Belehrung indes, die nicht damit rechnet, jedweder könnte beliebig belehrt werden, könnte voraussetzungslos verstehen. Die Schlußfrage v. 43 (»Wer ist weise, daß er's beachte, daß er die *ḥăsdê jhwh* verstehe?«)[149] setzt offenkundig voraus, daß nur der Weise die Erfahrungen des Weisen aufnehmen und auswerten kann, der also, der sich dazu entschied, aus der Jahwe- und Welterfahrung der Weisheit erkennen und leben zu wollen[150]. In dieser Schlußfrage zeigt sich nicht nur ein beachtlich reifer, realistisch-nüchterner Gottesglaube, sondern auch, in welchem Kreise das Psalmstück zum Vortrag gekommen sein muß, wo sein Sitz im Leben zu suchen ist[151].

4.6. Was v. 2–3, das den Strophen voraufgehende Stück, anbelangt, so atmet es einen anderen Geist. Im Brennpunkt seines Interesses steht das Geschick der Jahwegemeinde, dieser Gemeinde als solcher. »Erlösung« ist *ihre* Zusammenführung, ist »Sammlung« aller Glieder, die in den Ländern verstreut sind, ist Wiederherstellung der Glaubensgemeinschaft Zion. V. 3, im Enjambement mit v. 2 verbunden[152], entfaltet in diesem Sinn, was *g'l* zum Ausdruck zu bringen versucht. Bestätigend wirkt, was unsere traditionsgeschichtliche Ortung erbrachte[153]: Anlehnung an deuterojesajanisches Schrifttum, an Jes 43,1–7, speziell an 43,5.6, bedeutet doch wohl, daß u. a. die Repatriierung der nach Babylonien Verschleppten ins Auge gefaßt ist. Die Rezeption von Formulierungen aus Jes 49,12[154], aus

---

[149] Nebenbei gesagt: auch diese Form der Frage ist von pädagogisch-lehrhafter Art. Vgl. in diesem Zusammenhang noch einmal J. K. Kuntz (a. a. O. 197 f.), der sich freilich speziell zur rhetorischen Frage äußert. Über die in v. 43 aufgeworfene *mî*-Frage ist, wie mir scheint, gleichwohl dasselbe zu sagen.
[150] Vgl. hierzu G. v. Rad a. a. O. 87 ff.
[151] Siehe dazu unten Ziff. 6.4.8.
[152] Vgl. hierzu oben Ziff. 2.1.
[153] Siehe oben Ziff. 3.6.
[154] In der Bezeugung des MT: ... *miṣṣapôn ûmijjam* ...! Vgl. in diesem Zusammenhang die Kommentierung C. Westermanns (a. a. O. 175) und ihr entsprechend Jes 49,14–26 als zu erwägenden Kontext.

62,10–12 und anderen Jesajabuchstellen rechtfertigt überdies die Annahme, es sei des weiteren, ja, vor allem an die Sammlung *aller,* auch der übrigen Zerstreuten, an ihre Heimführung aus der Diaspora, an ihre Rückführung zu der so lange verlassenen »Tochter Zion« und mithin an *deren* Wiederherstellung gedacht. Die Wortfügung *gᵉʾûlê jhwh* meint (in der Art eines Namens, einer Benennung) die Glieder der restituierten Tochter Zion. – Indes, bei aller Intensität der Rückorientierung an Worten des zweiten und dritten Jesajabuchteils ist unser Psalmpassus unverkennbar neuausgerichtet: Er setzt – teils registrierend, was ist, teils antizipierend, was künftig noch wird – voraus, was die Propheten erst verheißen, was sie erst erwartet hatten. Wie es scheint, richten v. 2–3 den Aufruf zum Lobpreis an die tatsächlich bereits Repatriierten, in der Vorwegnahme des Glaubens aber auch schon an die, die zukünftig »gesammelt« werden. Jahwe-Lobpreisung kann jedenfalls nicht nur die Sache einzelner sein, die aus individuellen Notlagen Rettung erfahren haben. Sie ist vielmehr auch, ja, in erster Linie, Sache der Gemeinde als solcher, der wiederhergestellten Glaubensgemeinschaft im ganzen[155]. Diese Überzeugung ist im Grundsatz zum Ausdruck gebracht, unabhängig vom Grad und vom Ausmaß, in dem jene Sammlung zur Zeit der Abfassung der vorliegenden Psalmverse tatsächlich verwirklicht war. Die Überzeugung schließt dementsprechend eine Zukunftserwartung ein, hat im Grunde wohl einen eschatologischen Einschlag. Im Aufruf zum Lob v. 2–3 ist hoffnungsvoll Raum gelassen für alle die Glieder der Gottesgemeinde, die noch der »Sammlung« harren und von ihr erst künftig heimgesucht werden.

Das hier implizierte futurische und wohl auch eschatologische Moment hängt zweifellos damit zusammen, daß jene »Sammlung« nur gegen die Resistenz der Länder zustande zu kommen vermag. Jahwe muß die Seinen den Ländern und Himmelsrichtungen abringen. Was in v. 2–3 gemeint ist, läßt sich in der prophetischen Vorlage, die der Autor unserer Verse, wie aufgezeigt wurde, benützte, bereits mit Händen greifen: Jahwe spricht »zum Norden: gib her! und zum Süden: halt nicht zurück!« (Jes 43,6). Mit anderen Worten gesagt: Jenes Sammeln stößt auf das Widerstreben von *Feinden.* Dieser Sachverhalt kommt indessen durchaus

---

[155] Gleichwohl erscheint es mir möglich zu sein, daß 107,3 – nebenbei und in zweiter Linie! – die erretteten einzelnen, auf die sich die Strophen beziehen, mit einschließt. Vielleicht ist im Blick auf die aus Seenot Erretteten der Strophe IV aus der Vorlage Jes 49,12 das neben den Himmelsrichtungen Osten und Westen (v. 3b) nicht völlig problemlose *miṣṣāpôn ûmijjām* (v. 3c) hereingekommen. Die Errettung »vom Meer her« war, auch wenn sie mit der »aus Westen« in einem gewissen Spannungsverhältnis steht, der Strophe IV wegen der Erwähnung wert. Es dürfte sich schwerlich entscheiden lassen, ob schon der Vf. der v. 2f., von der genannten Strophe und Jes 49,12 stimuliert, so formulierte oder ob hier ein Späterer jenen Anregungen Rechnung zu tragen versuchte. Die erstgenannte Möglichkeit ist keinesfalls auszuschließen.

auch in Ps 107,2 zum Ausdruck, sogar expressis verbis: Denn Jahwe erlöst die Seinen *mijjăd-ṣar!* Der überlieferungsgeschichtliche Horizont, in welchem die Psalmstelle liegt, legt bereits seinerseits nahe, nicht, wie es so häufig geschieht[156], die Vokabel *ṣăr* I im Sinne von »Not« zugrundezulegen (obschon dies der Wortwahl im Kehrvers 6.13.19.28 innerhalb der Strophen entspräche!), sondern das Wort *ṣăr* II, was eben »Feind« und »Bedränger« bedeutet[157]. Ein Blick in die Konkordanz[158] bestärkt ganz entschieden hierin. Denn es gibt von *ṣăr* I (»Engigkeit, Bangigkeit, Not«) nicht einen einzigen Beleg, der dieses Wort, Ps 107,2b entsprechend mit *jăd* konstruiert aufweisen würde. Ergo spricht nichts dafür, daß ein alter Hebräer von der »Hand −, der Faust −, der Gewalt der Not« reden konnte[159]. Vielmehr ist festzustellen: Wann immer *ṣăr* mit *jăd* konstruiert ist[160], liegt fraglos *ṣăr* II zugrunde, also die personenhafte Größe »Feind/ Bedränger«, mit der sich als solcher die Rede von der Hand, der Faust, der Gewalt aufs allerbeste verträgt. Es ist also so gut wie sicher, daß der Passus v. 2−3 von einer Erlösung aus der Hand, aus der Gewalt geschichtlich-politischer Feinde spricht[161], von einer Wiederherstellung der Tochter Zion, die jenen abgetrotzt werden muß. − Fazit: Jahwe in einem bereits erfolgreich gekämpften, gleichwohl noch fortdauernden Kampf mit geschichtlich-politischen Feinden um die abschließende Restitution seiner Gemeinde auf Erden − das ist die besondere Substanz, die unverwechselbare Kontur, die Ps 107,2f. kennzeichnet.

4.7. Noch ein Wort zur inhaltlichen Näherbestimmung der eröffnenden Zeile (v. 1)! Sie ist nur eingeschränkt möglich, solange sie unter Absehung vom nachfolgenden Text geschieht, genauer gesagt, unter Absehung vom ursprünglichen Kontext, der − nota bene − im jetzigen Stadium der Studie noch gar nicht ermittelt ist. Der Grund der Beschränkung ist klar: Inhalt und Sinn der Introituszeile sind natürlich auch kontextbedingt (wie umgekehrt Inhalt und Sinn des Kontexts durch die eröffnende Zeile mitbestimmt werden). − Gleichwohl, bis zu einem gewissen Grade läßt sich erkunden, in welche gedankliche Richtung die Introituszeile weist. Diese Erkundung ist gerechtfertigt und sinnvoll. Denn

---

[156] Vgl. etwa F. Baethgen a. a. O. 325; C. A. und E. G. Briggs a. a. O. 453; W. Staerk a. a. O. 115; B. Duhm a. a. O. 389; H. Gunkel a. a. O. 468.471; R. Kittel a. a. O. 349; H. Schmidt a. a. O. 196; H. Herkenne a. a. O. 351; E. A. Leslie a. a. O. 302; W. O. E. Oesterley a. a. O. 453; H.-J. Kraus a. a. O. 734; F. Nötscher a. a. O. 238 oder auch A. Weiser a. a. O. 469.471.
[157] So u. a. auch L. Koehler−W. Baumgartner, Lexicon in Veteris Testamenti libros, 1958², 815.
[158] Vgl. S. Mandelkern a. a. O. II 1005 f.
[159] Auch hier muß man sich doch wohl vor sprachlichen Modernismen in acht nehmen.
[160] Dies ist, von Ps 107,2 abgesehen, in Ps 78,61; Hi 6,23 und Thr 1,7 der Fall.
[161] In LXX heißt es also zu Recht ἐκ χειρὸς ἐχθροῦ.

immerhin hat der formelhaft feststehende Satz von v. 1, wie schon mehrfach erwähnt[162], ein gewisses Eigenleben gehabt.

Zur Kennzeichnung seines Inhalts nur Andeutungen[163]! Vor allem die, daß er – anders als alle folgenden Psalmteile – nicht auf Gottes *Taten* abhebt, sondern auf *Wesens*merkmale, auf Eigenschaften Jahwes. Israels Gott ist nicht nur dieser und jener Guttat wegen zu loben, sondern weil er gut *ist* – über Einzelerweise und Einzelerfahrungen hinaus. Er *ist* in der Konstanz seines Wesens gut, und d. h.,»schlechthin die Quelle alles menschlichen Heils und Wohlergehens«[164]. Das Moment dieser Beständigkeit wird im Halbvers 1b mit *l$^{e‘}$ôlam* zum Ausdruck gebracht: Was Jahwe seinem Wesen nach ist, das ist er in ununterbrochener Fortdauer, unabänderlich, immer[165]. Er ist es dementsprechend auch ganz unabhängig vom Verhalten seines menschlichen Gegenübers, also großherziger- und spontanerweise. – Gerade dieses aber schwingt auch in der Wendung *ḥäsdô* mit. Denn, um es[166] nochmals zu sagen, *ḥæsæd* meint als Eigenschaft Jahwes dessen Offen- und Bereitsein für die Seinen, das über das Selbstverständliche, das Pflichtgemäße hinausgeht, das großherzig und spontan über das Versagen der Menschen hinweg von Bestand und mithin verläßlich ist. Was an Hand der Wendungen *ṭôb*, *l$^{e‘}$ôlam* und *ḥæsæd* ausgesagt wird, ist dem Sinne nach zu einem Teil kongruent und expliziert sich im übrigen.

Die reactio hominum (nicht auf die actio dei, sondern) auf das umschriebene Sosein Jahwes, wird durch die Aufforderung *hodû l^{e}jhwh* in Gang gebracht. Dabei ist, wie zu Recht konstatiert wurde, der Imperativ *hodû* mit *häl^{e}lû* (dem pi. von *hll*) »mehr oder weniger gleichbedeutend«[167]; er evoziert die Lobpreisung Jahwes, bei der das, was wir heute mit »Danken« und »Danksagung« meinen, als Teilmoment inbegriffen ist[168]. Im Grunde ist *hodû* darauf aus, daß dem gepriesenen Offen- und Bereitsein Gottes für die Seinen (nicht als Vorbedingung oder als Gegenleistung, sondern) als Antwort, als Anerkennung dessen, was Gott voraufgehend ist, ein Offen- und Bereitsein der Menschen entspricht, welches »forensisch«, d. h. vor andern, worthaft vernehmlich wird. Solches Loben und die ihm zugrundeliegende Haltung sind für das Jahwevolk Israel grund-

---

[162] Siehe oben Ziff. 2.1 (Anm. 6) und Ziff. 3.7.
[163] K. Koch hat den Satz ja ausführlich erörtert: »denn seine Güte währet ewiglich«, EvTh 21 (1961) 531–544.
[164] So mit Koch a. a. O. 540.
[165] Mit E. Jenni, Das Wort ‘ōlām im Alten Testament, ZAW 64 (1952) 197–248, 237.239.
[166] Im Anschluß an H. J. Stoebe a. a. O. (600–621), speziell 607–618.
[167] C. Westermann, ... *jdh* hi. preisen, THAT, I 1971, 674–682. 677. Vgl. in diesem Zusammenhang vor allem auch Ps 100,4.5.
[168] Vgl. hierzu C. Westermann a. a. O. 675.679. Dort weiterführende Literaturhinweise.

legend¹⁶⁹. Sie gehören zu einem erfüllten, ganzen und heilen menschlichen Dasein¹⁷⁰. Der Imperativ *hodû lᵉjhwh* ruft in diese Grundhaltung, die sich im Akt des Gottlobens äußert, hinein.

Schließlich stellt sich die Frage, ob die Wortwahl *hodû* statt *hălᵉlû* (trotz der Annäherung, die zwischen beiden Wörtern erfolgte) nicht doch in einem Sachverhalt gründet, den zu beachten sich lohnt. Immerhin scheint es beim »nicht-theologischen« Gebrauch des hi. von *jdh* erkennbar zu sein, daß dieses anders als das pi. von *hll* nicht »ein Sein« zum Objekt hat, sondern die »Reaktion auf einen Akt oder ein Handeln« umschreibt¹⁷¹. Es läßt sich nicht ganz von der Hand weisen, daß dieses besondere Bedeutungsmoment des hi. von *jdh* auch noch bei dessen Verwendung in der vorliegenden Formel im Spiele gewesen sein könnte. Dies insofern, als hier in der Tat Jahwes Wesen nicht nach seinen verschiedenen Seiten ins Auge gefaßt worden ist, sondern ausschließlich nach einer einzigen: nach *der* Seite des Wesens Gottes, aus der die Rettertaten, die beneficia dei hervorgehen, also nach der Güte, dem *hæsæd*, die Jahwe charakterisieren. Dies könnte tatsächlich anzeigen, daß der vorliegende Lobruf (107,1) durch eine »Ausweitung des Lobes Gottes über einer bestimmten Tat in das Lob der Güte Gottes, aus der diese Tat erwächst«¹⁷², zustandegekommen ist, daß er also, obwohl er Wesensmerkmale und Eigenschaften Gottes bekennt, doch noch dem Lobpreis affin ist, der auf Jahwes rettendes *Handeln* antwortet. Dies würde aufs beste erklären, daß dem Lobsatz 107,1 gerade *die* Entfaltungen zuteil wurden, die die folgenden Abschnitte des Psalmes vermitteln: Entfaltungen durch hymnische Stücke, die ganz oder doch überwiegend Jahwes heilvolles Handeln preisen.

Wir sagten bereits: eine inhaltliche Näherbestimmung des Introitus-Lobsatzes müßte, soll sie vollständig sein, auch die Entfaltungen im Kontext berücksichtigen, die Entfaltungen, soweit sie ursprünglich sind. Dieses Erfordernis führt zu der Frage zurück, welche Psalmteile tatsächlich *primären* Kontext darstellen und wo *sekundärer* Zuwachs vorliegt, mit anderen Worten und neutraler gesagt, ob und inwieweit der überkommene Psalmtext *einheitlich*, ob und inwieweit er nicht einheitlich ist. Was die Entscheidung dieser Frage voraussetzt, ist erarbeitet. Ihre Klärung ist also in Angriff zu nehmen.

---

[169] Vgl. z. B. Ps 122,4b (MT).
[170] Siehe dazu etwa Jes 38,18.19 und C. Westermann, a. a. O. 678.
[171] So Westermann, a. a. O. 674.
[172] C. Westermann a. a. O. 677.

5. Zur Klärung der Frage der Einheitlichkeit

Es läßt sich im voraus nicht sagen, ob die hier fällige Analyse literar- oder überlieferungskritischer Art ist (oder ob, auch das ist prinzipiell möglich, ein Sowohl-als-auch in Betracht kommt). Gesetzt den Fall, es ließe sich im überkommenen Text ein relativ älterer Bestand von Späterem unterscheiden, so käme es darauf an, ob ersterer als verschriftete, noch unmittelbar greifbare literarische Einheit zu beurteilen ist (sie herauszuschälen, wäre Sache der *Literar*kritik)[1] oder ob er, verschriftet oder auch nicht, ein Vorstadium repräsentiert, das *vor* einer solchen Einheit liegt, eine Etappe in ihrem Werdegang bildet und nicht mehr direkt zugänglich ist (ein Vorstadium dieser Art zu ermitteln, wäre Angelegenheit der *Überlieferungs*kritik)[2]. Jetzt, da noch ungeklärt ist, wie die Dinge im einzelnen liegen, zwischen diesen Möglichkeiten zu entscheiden, wäre verfrüht und verkehrt. Eine solche Entscheidung ist andererseits auch noch nicht nötig. Denn es genügt zunächst zu erkunden, welche Teile des Psalms dieselbe Urheberschaft annehmen lassen, welche in diesem Sinne »einheitlich« sind, und welche sich gegen diese Annahme sperren. Die Deutung dessen, was sich ergibt, ist erst in zweiter Linie vonnöten.

5.1. Nicht das mindeste spricht für die Annahme, der Lobsatz v. 1 könnte als Zusatz vorangestellt worden sein, als nachträgliche Überschrift etwa. Es ist mir so gut wie sicher, daß er maßgebliche Anregung, bestimmendes Vorbild für den nachfolgenden Psalmtext war. Der einleitende Vers ist nicht im Blick auf die Wendung des Kehrverses *jôdû l^{e}jhwh ḥasdô* (v. 8.15.21.31) abgefaßt oder ausgewählt und herangezogen worden, sondern im Gegenteil: Die Kehrvers-Wendung kontrahiert Elemente aus dem formelhaft feststehenden Lobsatz v. 1 (*hodû l^{e}jhwh ... ḥasdô*); sie setzt ihn insofern voraus. Ähnliches wird gewiß auch für die *kî*-Sätze v. 9 und v. 16 gesagt werden dürfen: Auch sie liegen im Duktus des eröffnenden Satzes, setzen wie dieser die Aufforderung zum Lob (*jôdû/hodû ...*) mit *kî*-Formulierungen fort. Sie waren mitnichten der Anlaß, die Formel v. 1 davorzuplazieren. Sie sind vielmehr nach deren Vorbild entstanden. Ja, die Strophen im ganzen sind fraglos als Entfaltungen des überkommenen, vielzitierten Lobrufs v. 1 zu verstehen, nicht

---

[1] Zu deren Fragestellung und Aufgabe vgl. F. Huber, in: Exegese des Alten Testaments, UTB 267, 1973, § 5, 44 ff.

[2] Zu deren Fragestellung und Aufgabe vgl. G. Fohrer, in: Exegese des Alten Testaments, § 9A, 118 ff.

etwa dieser als mottoartiger Nachtrag zu jenen. Der Vorgang, daß aus diesem formelhaft geprägten Lobruf weitere Psalmüberlieferung erwächst, ist ja auch anderwärts zu beobachten; er ist im Falle des Psalms 106 im einzelnen nachgewiesen[3]. Alles zusammen scheint mir die Annahme zu rechtfertigen, der relativ alte Lobsatz v. 1[4] sei auch im Falle des vorliegenden Psalms der Ausgangspunkt für den folgenden Text. Sollte bei Ps 107 zwischen primärem und sekundärem Bestand differenziert werden müssen, so würde v. 1 ohne Zweifel zum Grundbestande gehören.

5.2. Das eben Skizzierte vermittelt gleichzeitig den Eindruck, v. 1 sei in den Strophen oder, zurückhaltender gesagt, in v. 4 ff. fortgesetzt worden. Indes, mit diesem Eindruck erledigt sich nicht auch gleich die Frage, ob nicht ebenso v. 2 f. ursprüngliche Fortsetzung und also primär gewesen sein könnte. – Einer Bejahung dieser Frage steht vieles entgegen. So, wie es scheint, schon das Faktum, daß es an einer organischen Verbindung zwischen v. 1 und v. 2–3 mangelt. Ein Rückbezug, wie ihn manche Übersetzungen (gewiß unbewußt, unbeabsichtigterweise) vortäuschen[5], liegt in Wirklichkeit gar nicht vor. Der Passus v. 2 f. setzt vielmehr neu ein[6]. Er wechselt dabei vom imperativischen zum jussivischen Lobaufruf über. Letzteres mag für sich alleine genommen nicht viel bedeuten, verdient aber, mit anderem zusammen, Beachtung. Im selben Sinne bemerkenswert ist, daß der Aufruf zum Lob in v. 2 sich des blassen Verbums 'mr bedient, das, wie gezeigt[7], ausgesprochen in später Zeit der Verknüpfung bis dato separater Textstücke diente. Sollte der Gebrauch dieses Verbs, so möchte man fragen, nicht auch an der vorliegenden Stelle entsprechende Scharnierfunktion haben? – Mag man diesen Gedanken nur als Frage vorbringen, so eine andere Beobachtung bestimmter: die nämlich, daß v. 2 bei seiner spezialisierenden Variation von v. 1 das dortige $kî$ durch die Partikel $^{a}š\ae r$ ersetzt, die als Konjunktion nicht nur selten, sondern vor allem auch spätes Hebräisch ist[8]. Gibt es nicht wirklich zu denken, daß dieser eigenartige, jüngere Sprachgebrauch keineswegs alle Stellen im Kontext, an denen ein derartiges $kî$ erscheint, erfaßt und verwandelt hat, sondern daß er ausschließlich in der Passage v. 2 f. zur Wirkung gekommen ist und das $kî$ sowohl in v. 1 als auch in v. 9 und v. 16 unberührt stehen ließ? Es wird schon so sein, daß nur eben dieses kurze Stück, das sich gegenüber seiner Umgebung durch jüngeren Sprachgebrauch auszeichnet[9], dementsprechend auch später als v. 1 und die

---
[3] Vgl. W. Beyerlin, Der nervus rerum in Psalm 106, ZAW 86 (1974) 50–64.
[4] Zu seiner relativen überlieferungsgeschichtlichen Datierung s. o. Ziff. 3.7.
[5] S. o. S. 8, Anm. 8.
[6] S. o. Ziff. 2.1.
[7] Vgl. im einzelnen Ziff. 3.6.
[8] Vgl. noch einmal C. Brockelmann, Hebräische Syntax, 152, §§ 159b.160b.
[9] Auch die hier auftauchende Erscheinung des Enjambement könnte – nach der Meinung mancher – ein Indiz für spätbiblisches Hebräisch sein.

Strophen verfaßt worden ist. – Nicht bloß sprachliche Gründe sprechen für diese Annahme; vielmehr auch solche recht substantieller, inhaltlicher Art. Denn in v. 2 f. wird ein Thema berührt, das nirgendwo sonst im Text unseres Psalms auch nur annäherungsweise wiedererscheint: das Thema der Erlösung und Sammlung der verstreuten Jahweverehrer aus der Gewalt, aus dem Machtbereich geschichtlich-politischer Feinde, m. a. W., das Thema der Zusammenführung und Restituierung der Gemeinde als solcher, das, insofern hier die Vollendung des Begonnenen noch zukünftig ist, eine futurisch-eschatologische Komponente mit einschließt[10]. Weder in einer der Strophen noch im Schlußstück des Psalms geht es um die Jahwegemeinde in diesem oder auch nur einem ähnlichen Sinn. V. 2 und 3 fallen in einem Maße aus dem Zusammenhang des übrigen heraus, daß sie separaten Ursprungs sein müssen. – Dies zeigt sich nicht zuletzt auch daran, daß sie das Substantiv ṣăr ganz anders als die Strophen verwenden[11]. Die diktionelle Übereinstimmung mit dem Kehrvers (6.13.19.28) ist scheinbar: V. 2 meint mit ṣăr die Feinde, die Bedränger, die im Kontext sonst keinerlei Rolle spielen; in jenem Kehrvers ist, nota bene, das Homonym ṣăr angewandt und also von Bangigkeit und Not die Rede. – Zu den Besonderheiten kommt noch hinzu, daß v. 2 f., anders als alle folgenden Abschnitte, nicht im mindesten sapientiale Einflüsse aufweist[12]. Dies bestärkt zusätzlich in der Annahme, v. 2 f. sei separat entstanden, habe seinen eigenen Verfasser gehabt, der, anders als der (oder die) Urheber des Kontexts, ganz und gar nicht im Milieu der Weisheit daheim war. – Schließlich fällt (gewiß nicht allein und für sich genommen, wohl aber in Verbindung mit allem anderen) auch noch die Tatsache ins Gewicht, daß das gesondert verfaßte Stück die im Kontext vorherrschende rhythmische Gliederung 3 + 3 nur unvollkommen nachempfunden und nachgeahmt hat. Denn es gleitet aus diesem Versmaß in die triadische, tristichische Gliederung hinein (2 + 2 + 2)[13]. – Das Fazit ist unabweisbar: Das Element v. 2 – 3 fällt in jedweder Hinsicht aus seinem Zusammenhang heraus, ist offensichtlich interpoliert worden.

5.3. Es ist also so, wie schon einmal gesagt: Der Text ab v. 4 bildet die früheste, unmittelbare Fortsetzung des in v. 1 anhebenden Gedichts. Der Einschub der Verse 2 f. darf hierüber nicht hinwegtäuschen. – In Ziffer 5.4 wird sich andererseits zeigen, daß nicht alle vier Strophen primäre Fortführung sind. Strophe I, II und III, nicht aber IV, bilden mit dem Introitusvers zusammen den Grundbestand unseres Psalms. M. a. W. gesagt: v. 4 – 22 sind die erste Entfaltung des vielgebrauchten, vorgegebenen Lobrufs v. 1. – Letzterer, der relativ älteste Bestandteil im überlieferungs-

---

[10] S. o. Ziff. 4.6.
[11] S. o. am Ende der Ziff. 4.6.
[12] S. o. Ziff. 3.8.2 und 3.6.
[13] Im einzelnen s. o. Ziff. 2.3.

5.3. v. 4–22

geschichtlichen Sinn[14], hat, wie an Ps 106. 118 und 136 zu sehen, verschiedentlich zu neuen Gedichten geführt. Er war auch Anregung im vorliegenden Fall. Was der Lobruf v. 1 intendiert, das will die hinzugedichtete Trias der Strophen verwirklichen helfen: Viele im Jahwevolk, möglichst viele, sollen Jahwe ob seiner beständigen Güte, ob seiner verläßlichen Großherzigkeit preisen. Nicht unter Bezugnahme auf kollektive, gemeindliche Rettungserfahrungen sucht die Trias der Strophen, das Gottesvolk insgesamt und als solches motivierend, dieses zu bewirken. Vielmehr ist sie darauf aus, durch die Vergegenwärtigung individuellen, persönlichen Erlebens viele einzelne zum Gotteslob zu bewegen. Und eben weil sie möglichst viele zu erreichen versucht, hebt sie auch nicht auf spezielle und entsprechend vereinzelte Erfahrungen ab, sondern auf allgemeine und verbreitete, auf Grunderfahrungen im Horizonte der Jahweverehrung. Im Endeffekt deckt die Trias der Strophen komplementär ein ganzes Spektrum allgemeinmenschlicher, individueller Nöte und Krisen und entsprechender Rettungserfahrungen ab. Sie ist so in der Lage gewesen, viele – viele einzelne – existentiell zu betreffen und in die Lobpreisung des gütig-großherzig-verläßlich zugewandten Gottes einzubeziehen[15].

Nicht nur in ihrer Gesamtsubstanz flankiert die Trias der Strophen den Lobaufruf von v. 1. Auch in Details der Textfassung kommt diese Zuordnung zutage: Das *kî...ṭôb*, in welchem Strophe I kulminiert (vgl. v. 9), korrespondiert dem *kî-ṭôb* von v. 1. Die Wendung *ḥăsdô* im Kehrvers (8.15.21) bringt, was die drei Strophen bezeugen, exakt auf jenen Begriff, auf den auch v. 1 hinausläuft. Die Aufforderung zum Lob, die der zitierte Kehrvers jener Strophen einhämmert, hält den Lobaufruf durch, der in v. 1 voransteht. Das stereotyp wiederholte *jôdû l^{e}jhwh ḥăsdô* entspricht dabei, wie schon gesagt, dem inaugurierenden Imperativ *hodû l^{e}jhwh*. Der Rückbezug auf den eröffnenden Vers könnte, wie deutlich zu sehen, auch in Einzelheiten kaum enger, kaum intensiver sein.

Um nicht mißverstanden zu werden: V. 1 ist nicht eigentlich mit v. 4–22 zusammen entstanden. Das Überlieferungselement, das als v. 1 fixiert wurde, war gegenüber dem Verbande, in den es eingebunden wurde, älter und vorgegeben, war eine von Hause aus selbständige Größe. Die Verse 4–22 traten hinzu und konstituierten derart ein neues Gedicht. Im Rahmen des Psalms 107 indessen formieren v. 1 und der ihm zugeordnete Block der drei Strophen in der Tat einen Zusammenhang, der in einem Zug abgefaßt wurde. Kein anderer Bestandteil dieses Psalms übertrifft, wie im folgenden noch deutlicher wird, v. 4–22 in der Genauigkeit und Intensität der Zuordnung. Auch insofern ist über jeden Zweifel erhaben, daß zunächst die ersten drei Strophen, v. 4–22, mit dem überkommenen Lobsatz, v. 1, verwoben, die neue Einheit bildeten.

---

[14] S. o., vor allem die Ziff. 3.7.
[15] Vgl. hierzu die Ziffern 4.1–4.3.

Ein Wort noch dazu, daß die genannten drei Strophen auch untereinander zusammengehören! Man wird zwar zu gewärtigen haben, daß die eine oder andere Retusche den Wortlaut des strophischen Textes im nachhinein geringfügig änderte. Zumindest mit *einer* solchen Veränderung ist, wie schon früher erwähnt[16], im Eingang des 17. Verses zu rechnen. Im übrigen aber steht die Kohärenz, die Einheitlichkeit der Trias der Strophen außer Frage: In allen drei Abschnitten ist die inhaltliche Ausrichtung dieselbe[17], wird in ein und derselben Art sowohl auf spätes prophetisches Schrifttum als auch auf weisheitliches Überlieferungsgut abgehoben[18]. In allen drei Strophen liegt im wesentlichen dieselbe Gattungsbestimmtheit (hymnische Rede, mit Metaphern und Gleichnissen arbeitend) vor[19]. Nicht zuletzt sind die ersten drei Abschnitte, verglichen mit dem nächstfolgenden, vierten, in ihrem Rhythmus eindrucksvoll ebenmäßig (vorherrschend 3 + 3)[20] und zudem dem Umfang nach ungefähr gleich (6 oder 7 Zeilen)[21]. Endlich ist, worauf noch zurückzukommen sein wird[22], v. 22 als Abschluß besagter Trias in jeder Hinsicht geeignet. Man wird also die Frage des internen Zusammenhangs der Verse 4–22 im großen und ganzen zu bejahen haben.

5.4. Daß Strophe IV, v. 23–32, und die soeben erörterte Einheit nicht vom selben Verfasser herrühren können, das ist mit Händen zu greifen: Strophe IV ist dem Inhalte nach erheblich anders beschaffen als die voraufgehenden Abschnitte[23]. Sie hebt nicht auf verbreitete, allgemeine Erfahrungen ab, appelliert dementsprechend auch nicht an viele im Jahwevolk. Sie bezieht sich vielmehr auf spezielle und – den historischen Umständen nach – mindestens seltene Erlebnisse, auf Erlebnisse, welche wahrscheinlich zuzeiten kaum jemand in Israel hatte. Strophe IV wird demnach auch schwerlich im selben Maß wie Strophe I bis III einen praktischen Zweck verfolgt haben. Sie war, wie es scheint, um so mehr von andersgearteten Interessen beflügelt, die ihrerseits in v. 4–22 nicht das mindeste Gegenstück haben: etwa von dem Interesse, Jahwes Souveränität über das Meer (über $t^e\hat{h}\hat{o}m\hat{o}t$ und $m^e\d{s}\hat{u}l\bar{a}$) zu betonen, oder, zumindest im Ansatz, auch von dem Bestreben, dem, was wir »Natur« nennen, stärkere Beachtung zu schenken. Diese besondere Interessenkonstellation hat hinwiederum weitere Eigentümlichkeiten zur Folge, die den Abstand zwischen Strophe IV und I bis III noch vergrößern. Es sei nur daran erinnert, daß in

---

[16] S. 48, Anm. 79 und S. 51, Anm. 93.
[17] S. o. Ziff. 4.1–4.3, insbesondere die Schlußbetrachtungen in Ziff. 4.3.
[18] S. o. Ziff. 3.8.3.
[19] S. o. Ziff. 2.2, dazuhin 4.1–4.3.
[20] S. o. Ziff. 2.3.
[21] Siehe noch einmal Ziff. 2.3.
[22] S. u. Ziff. 5.6.
[23] S. o. Ziff. 4.4.

IV, anders als in II und III (und implicite auch in I), ein Eigenverschulden der Betroffenen nicht die mindeste Rolle spielt und folglich auch der notwendige *hæsæd,* weniger als in den voraufgehenden Stücken, Vergebung mit einschließen wird. Aufs ganze gesehen steht Strophe IV — das kann nachgerade nicht mehr verwundern — auch in der Geradlinigkeit der Gedankenführung sichtlich den Stücken I bis III nach. Es ist schon jetzt unvorstellbar, daß IV von *dem* Psalmdichter herstammen sollte, der den Zusammenhang v. 1.4—22 abgefaßt hat.

Einheitlichkeit läßt sich vollends nicht annehmen, nimmt man hinzu, daß IV, anders als I bis III, nicht unter dem Einfluß prophetischen Schrifttums zustande gekommen ist, sondern ausschließlich unter dem der israelitischen Weisheit[24]. Tritt aber zu der besonderen gedanklichen Substanz auch noch der besondere traditionsgeschichtliche Ort, so spricht dies massiv für separate Entstehung. — Formale Indizien, die an sich nur wenig beweiskräftig wären, werden, mit allem anderen zusammen, zu einem zusätzlichen Anhaltspunkt: In dem im Verhältnis zu I bis III nicht unwesentlich vergrößerten Umfang von IV (10 statt 6 oder 7 Zeilen!) spiegelt sich die Kompliziertheit des Inhalts geradezu zwangsläufig wider[25]. Und in dem Umstand, daß der im voraufgehenden Text, in v. 1.4—22, recht regelmäßige Rhythmus (allermeist 3 + 3) bei IV nur in der Hälfte der Zeilen getroffen worden ist, in der anderen Hälfte indessen nicht[26], kommt, wie ich denke, zum Ausdruck, daß IV zwar in Anlehnung an I bis III gedichtet worden ist, aber doch so, daß der gelehrte Verfasser[27] in die rhythmische Gliederung seiner so ebenmäßigen poetischen Vorlage nicht ganz hineingefunden hat.

Das Fazit aus allem ist klar: Strophe IV ist separat verfaßt worden. — Gemeinsamkeiten mit I bis III, so die Kehrverse und das mit diesen zusammenhängende Schema der »Erzählung«, rühren ganz ohne Zweifel daher, daß IV am Vorbild von I bis III orientiert und also im Hinblick auf diese Strophen, z. T. auch zu deren Ergänzung[28], erarbeitet worden ist.

5.5. Auch das Schlußstück des Psalms, v. 33—43, hat nachweislich einen eigenen Autor. Es ist von keinem der voraufgehenden Teile ursprüngliche, primäre Fortsetzung. Nicht von v. 1; denn dieser hat in den ersten drei Strophen weit intensivere Affinitäten als hier im abschließenden Teil[29]. Nicht von v. 2f.; denn dessen thematisches proprium, das der Sammlung, der Restituierung der Jahwegemeinde[30], spielt im Psalmschluß

---

[24] S. o. Ziff. 3.8.4.
[25] S. o. Ziff. 2.3.
[26] Zu den Einzelheiten vgl. noch einmal Ziff. 2.3.
[27] Vgl. dazu die Schlußbetrachtung in Ziff. 4.4.
[28] Vgl. im einzelnen Ziff. 4.4.
[29] Vgl. den Aufweis in Ziff. 5.3.
[30] S. o. Ziff. 4.6.

gar keine Rolle, ist ohnehin im überkommenen Textganzen in gewisser Weise ein Fremdkörper[31].

Ebensowenig ist das abschließende Stück ursprüngliche Fortführung des Zusammenhangs v. 1.4–22. Dies nicht so sehr darum, weil es neue, veränderte Perspektiven aufreißt, weil es, statt von persönlichen Not- und Rettungserfahrungen zu handeln[32], die Umschaffungsmächtigkeit und das Wesen Gottes umfassend zu kennzeichnen sucht; auch nicht, weil es zugleich paränetische Ziele verfolgt, zu ermutigen und zu vermahnen trachtet. Warum sollte es auszuschließen sein, daß der Verfasser der Trias der Strophen zum Beschlusse auch noch zu neuen Gedanken und Absichten kommt und dementsprechend vom bisherigen Gestaltungsschema und mithin auch vom bisherigen Kehrvers abrückt? Nein, man muß schon darauf verweisen, daß das Schlußstück des Psalms diesen und jenen Gedanken aus dem strophisch gestalteten Teil ganz anders, als er dort von Haus aus gedacht war, verstanden wissen möchte, daß es – offensichtlich a posteriori – anders und neu interpretiert.

Ebendieses ist mehrfach der Fall. Bezeugt Strophe I eine Art der Errettung, die die Wüste weiterhin Wüste sein läßt, so lassen die abschließenden Verse die Rettung derer, die der Nahrung und Wohnstadt ermangeln, mit der Verwandlung der Wüste zum wasserreichen Lande beginnen (vgl. v. 4–9 mit v. 35 ff.). Und bezieht sich besagte Strophe erwiesenermaßen[33] auf die Erfahrungen einzelner, so zieht es der Schlußpassus vor, unter Wiederaufnahme von Wendungen aus jener Strophe ebenjene Erfahrung im kollektiven Erleben des landnehmenden Jahwevolkes zu erblicken (vgl. v. 4.5 mit v. 35.36)[34]. Wird derart der Sinn des eingangs Gesagten am Ende des Psalmgedichts umgebogen, so ist es doch wohl nicht möglich, ein und denselben Verfasser sowohl hier als auch dort am Werke zu sehen.

Was die überlieferungsgeschichtliche Ortung ergab[35], bestärkt in der Annahme verschiedener Autoren. Zwar wird im abschließenden Abschnitt *und* in der Trias der Strophen nebeneinander prophetisches und weisheitliches Traditionsgut verarbeitet; und es besteht insofern eine Entsprechung. Aber es gibt auch signifikante Differenzen: Im Schlußstück wird unvergleichlich bewußter als in der Trias der Strophen auf weisheitliche Überlieferung rekurriert. Es wird ziemlich anders, als es in den Strophen der Fall ist, auch zitatweise präzise reproduziert.

Nimmt man hinzu, daß Verse des Schlußstücks umzuinterpretieren versuchen, so legt sich die Folgerung nahe, der letzte Abschnitt in 107

---

[31] S. o. Ziff. 5.2.
[32] V. 36 ist kollektiv ausgerichtet. Vgl. dazu oben Ziff. 4.5. V. 41b ist in ein anders orientiertes Ganzes integriert.
[33] S. o. Ziff. 4.1.
[34] Im einzelnen s. o. in Ziff. 4.5.
[35] S. o., vor allem die Ziff. 3.8.5.

habe seinen eigenen Verfasser. Dieser war, wie auch die Schlußfrage zeigt, ganz ausgesprochen ein Weiser; er war ein solcher, der sich des sapientialen (und prophetischen) Textguts schriftgelehrt zu bedienen verstand. Der Autor der ersten drei Strophen hingegen stand in loserer Beziehung zur Weisheit, dichtete, ohne die Beziehung zu forcieren, in ihrem Einflußbereich[36]. — Welcher der beiden Verfasser relativ später am Werk war, versteht sich nach allem von selbst: Derjenige, der um- und neuinterpretierte, der Autor des abschließenden Abschnitts. Die Verse 33 ff. sind nachträgliche Zusatzdichtung. Der Text v. 1.4—22 ist der zeitlich voraufgehende Bestand.

Nachzuweisen bleibt, daß das Schlußstück auch nicht mit Strophe IV zusammen als *deren* ursprüngliche Fortsetzung zustande gekommen ist. Daß dem nicht so war, zeigt sich an der Verschiedenheit dieser beiden Zuwächse: So komplettiert Strophe IV unter Beibehaltung jenes Schemas der Strophen und entsprechend auch unter Wiederholung der Kehrverse. Der Text v. 33 ff. erstrebt hingegen die Ergänzung ganz anders, gibt demgemäß jenes Schema sowie die Kehrverse auf. Noch wichtiger und triftiger ist, daß Gottes Handeln verschieden dargestellt wird: Im Psalmschluß — ähnlich wie in den ersten drei Strophen — so, daß Jahwe mit einleuchtender innerer Notwendigkeit handelt (Unheil ist göttliche Strafe, Strafe für die Bosheit der Menschen)[37]. In Strophe IV aber wird für derlei Begründung nicht Sorge getragen; Unheil resultiert hier aus der souveränen, frei schaltenden Gottesmacht[38]. Und mit in die Waagschale fällt, daß sich beide Abschnitte überlieferungsgeschichtlich verschieden einordnen: Strophe IV artikuliert sich, ohne Zuhilfenahme prophetischer Worte, ausschließlich aus dem Fundus der Weisheit[39]. Demgegenüber sind dem Schlußstück sehr wohl auch Passagen prophetischen Schrifttums wichtig[40]. Und dies nicht von ungefähr! Denn der Dichter des abschließenden Textes, der sich, wie gesagt, als Weiser begreift[41], teilt jenes schon einmal erwähnte Verständnis, nach welchem gerade die Weisen die berufenen Nachfolger der Propheten sind[42]. Dementsprechend bringt er sapientiale Zitate mit Bezugnahmen auf prophetische Worte zusammen. Keine Spur von diesem Bestreben indessen in Strophe IV! Nimmt man diese Differenz mit allen

---

[36] Daß in v. 33 ff. das in den ersten drei Strophen zu beobachtende rhythmische Ebenmaß nicht völlig wiedergefunden wird (s. o. Ziff. 2.3), könnte, um dies hier nochmals zu sagen, zwar alleine gar nichts beweisen, bestätigt indessen, mit den anderen Argumenten *zusammen*, die verschiedene Urheberschaft.
[37] Explizit in v. 34b; weniger deutlich in v. 39.
[38] Zur Unterscheidung vgl. im einzelnen oben im Zusammenhang der Ziff. 4.5.
[39] S. o. Ziff. 3.8.4.
[40] S. o. Ziff. 3.8.5.
[41] Vgl. insbesondere v. 43.
[42] S. o., am Ende der Ziff. 3.1. Vgl. auch noch einmal S. 16, Anm. 15.

anderen Divergenzen zusammen, so wird man nicht länger zögern, bei Strophe IV und dem nachfolgenden Schlußstück verschiedene Verfasser sowie sukzessive Entstehung anzunehmen.

Es versteht sich dabei fast von selbst, daß das Komplettierungsbestreben der Strophe IV, noch ehe der Schlußteil verfaßt wurde, Platz gegriffen hat. Hätte es sich umgekehrt zugetragen, so müßte Strophe IV interpoliert worden sein. Dies aber ist darum unmöglich, weil der Verfasser der abschließenden Verse, der das Motiv des hin und her umschaffenden Gotteshandelns umfassend abzuhandeln versuchte, den Anstoß hierzu, wie erwähnt[43], in der Darstellung der Strophe IV, Jahwe habe das Meer von einem Zustand in den andern und von diesem wieder in den vorigen versetzt, erhalten haben dürfte. (Hätte er gleich nach der III. Strophe, nach dem 22. Verse, das Wort gehabt, so käme seine Umschaffungsthematik unerklärlich abrupt!) Andererseits ist es zumindest wahrscheinlich, daß die Ergänzung, die noch im Banne jenes Schemas und der beiden Refrainverse geschah, der anderen Weiterung voraufging, die um die Entfaltung des besagten Umschaffungsgedankens bemüht war, ohne sich um jenen Schematismus und die Kehrverse der Strophen weiter zu kümmern.

So läßt sich folgendes Fazit wagen: Strophe IV und der Psalmschluß haben je eigene Verfasser; sie sind nacheinander entstanden; Strophe IV hatte die Trias der Strophen zur Voraussetzung, das Schlußstück seinerseits Strophe IV.

5.6. Daß dem so ist, zeigt auch ein Blick auf die jeweiligen *Schlußzeilen*. (Wir greifen zweckdienlicherweise für einen Moment bis zur I. Strophe, ja, bis zum 1. Verse zurück.) Orientiert an der Struktur des inaugurierenden Verses endigen die Strophen I und II: Dem *hodû l^{e}jhwh kî ... kî ...* gemäß, laufen die besagten Abschnitte homogen strukturiert im Refrain *jôdû l^{e}jhwh ...* (v. 8 und v. 15) und in nachfolgenden *kî*-Sätzen aus (v. 9 und v. 16). Die eben erarbeitete Analyse macht klar, warum Strophe III – trotz ihrer Zusammengehörigkeit mit I und II – nicht ebenso gestaltet endet, warum sie zwar noch den jussivischen Ruf *jôdû l^{e}jhwh* ausbringt (v. 21), auf ein nachfolgendes *kî* aber verzichtet: Die folgende Zeile (v. 22) ist ja der Abschluß einer einst selbständigen Einheit, muß so den Zusammenhang v. 1.4–22 abrunden. Sie tut dies, indem sie im letzten Moment aus dem eingefahrenen Duktus heraustritt und eine Steigerung besorgt: Sie häuft die Aufrufe zum Lob, endet die Trias der Strophen mit einem triadischen Lobruf[44], bedenkt dabei auch die fälligen Opfer und sorgt, last not least, das Substantiv *tôdā* gebrauchend, das an das *hodû* im Eingang anklingt, für eine Art von inclusio. Wahrlich, eine überzeugende Abrundung! Wer sie wahrnimmt, wird vollends an die ur-

---

[43] S. o. zu Beginn der Ziff. 4.5.
[44] V. 21 und 22 zusammengerechnet.

sprüngliche Selbständigkeit der Einheit v. 1.4—22 und an die Nachträglichkeit der Verse 23 ff. glauben. — Was unsere Analyse ergab, erklärt aber auch die Schlußzeile der IV. Strophe: Es blieb ihr, zumal sie ihrerseits das erweiterte Gedicht organisch abrunden mußte, überhaupt keine andere Wahl, als es v. 22 nachzutun. V. 32 schließt — nicht anders als v. 22 — mit einem triadischen Lobruf[45]. Stilistisch gelingt hierbei nicht alles im selben Maß; aber ebendies kennzeichnet ohnehin Strophe IV im Vergleich mit den voraufgehenden Strophen. Wesentlich ist, daß auch diese hinzugekommene Strophe mit einem gewichtigen Finale endet. Hieran wird noch einmal ersichtlich, daß das um v. 23 ff. erweiterte Gedicht zunächst in v. 32 auslief. Damit ergibt sich zugleich eine neuerliche Erhärtung der Annahme, daß der abschließende Abschnitt v. 33—43 in einem gesonderten Akte hinzugefügt worden ist. Von der Art, in der er in v. 43 arrondiert wurde (wiederum unter Bewirkung einer planvoll-kunstvollen inclusio), ist schon anderwärts die Rede gewesen[46], braucht hier nicht nochmals gehandelt zu werden, zumal dieses abermalige Ende des Aufweises gar nicht bedarf. — Fazit: An der Art, wie die diversen Psalmteile auslaufen, kommt überzeugend zutage, daß innerhalb des Psalms 107 nur so, wie in den voraufgehenden Ziffern erarbeitet, kritisch zu sondern ist.

5.7. Damit kehren wir zu der im Eingang der Ziffer 5 gestellten Frage zurück, ob die hier notwendige Analyse literar- oder überlieferungskritischer Art ist oder ob — um auch dieser Eventualität Erwähnung zu tun — ein Sowohl-als-auch in Betracht kommt. Nimmt man an jenem Kriterium Maß, ob das, was als älterer Bestand erscheint, eine noch unmittelbar greifbare Einheit ist, so ist dies für den Zusammenhang v. 1.4—22 ganz ohne Frage zu bejahen. Abgesehen von einer zu vermutenden Retusche am Anfang der III. Strophe (v. 17a)[47], liegt hier, wie mir scheint, noch unverstellt zugänglich ein alter Bestand zutage, der so sehr abgerundet ist, daß ihm schlecht abgesprochen werden kann, eine noch unmittelbar greifbare (»einfache«) Einheit zu sein. Hinzukommt, daß es kaum Anlaß gibt zu bezweifeln, das (bereits in seinem primären Bestand!) recht weitläufige und in jedem Fall nachexilische Gedicht[48] sei auch schriftlich fixiert worden[49]. War aber schon jener Grundbestand literarischer Art, dann ist es ganz unerfindlich, warum nicht genauso die Weiterungen (v. 23—32 und 33—43) schriftlich vorgenommen worden sein

---

[45] Auf das, was in der Sache variiert ist, werden wir zurückkommen müssen. S. u. Ziff. 6.4.5 und 6.4.6.
[46] S. o. Ziff. 4.5 und S. 65, Anm. 141.
[47] S. o. S. 34, Anm. 13; S. 48, Anm. 79; S. 51, Anm. 93.
[48] Was ersteres angeht, so handelt es sich um 20 Zeilen! Was letzteres betrifft, so sei einstweilen an die in Ziff. 3 ermittelten Abhängigkeiten erinnert. Vgl. im übrigen unten Ziff. 6.2.
[49] Die Meinung, Psalmen könnten erst spät »verschriftet« worden sein, geht ohnehin fehl.

sollten. Hat man infolgedessen von einer literarischen (»einfachen«) Einheit gleicherweise literarische Erweiterungen abzuheben[50], so handelt es sich um literarkritische Maßnahmen. Die vorstehenden Analysen sind also, wie sich hier nachträglich klärt, nicht traditions-, sondern literarkritischer Art. Auch jene Retusche, mit der zu Beginn der III. Strophe, im Eingang des 17. Verses[51], zu rechnen sein wird, wäre demnach literarische Bearbeitung, fiele in die Kompetenz der Literarkritik. — Eine Zuständigkeit der Überlieferungskritik scheint nur ein einziges Mal gegeben zu sein: bei der Sonderung des 1. Verses[52]. Zwar dürfte der vielverwendete Lobruf durchaus noch in seiner originalen Fassung erhalten und insofern ganz unmittelbar greifbar sein. Eine wirklich abgerundete Einheit ist er indessen nicht[53]. Er ist vielmehr ganz ausgesprochen ein Überlieferungsgebilde, das so oder so entfaltet sein will. Weil ihm, zumindest in diesem Sinn, die »inhaltliche Abrundung« mangelt[54], ist er auch besser ein Element der Überlieferung zu nennen, das überlieferungskritisch separiert zu werden verdient. Es stellt, relativ zu der literarischen Einheit v. 1.4−22, eine Art Vorstufe dar, das überlieferungsgeschichtliche πρῶτον κινοῦν, das die Genese, aus welcher unser Psalm resultiert, in Gang gesetzt hat. — Im folgenden soll diese Genese skizziert werden.

---

[50] Zur Terminologie vgl. etwa F. Huber, in: Exegese des Alten Testaments, UTB 267, § 5, 53 ff.
[51] S. o. S. 81, Anm. 47.
[52] S. o. Ziff. 5.1, überdies Ziff. 3.7.
[53] Obwohl er noch gegenwärtig als Tischgebet selbständig verwandt wird. — Die verkürzte Wiedergabe des Lobrufs in II Chr 20,21 betrachte ich, gerade auch unter dem Eindruck des nachfolgenden Verses, als eine Art Abbreviatur.
[54] Vgl. dazu E. Zenger, Ein Beispiel exegetischer Methoden aus dem Alten Testament, in: Einführung in die Methoden der biblischen Exegese, hg. von J. Schreiner, 1971, 108; F. Huber a. a. O. 53 f.

6. Zur Klärung der Frage der Genese

Was sich analytisch ergab, ist nun zu synthetisieren. Natürlich in tunlichster Kürze. Und von vorneherein in dem Wissen, daß die Skizze, soviel sich auch aufhellen ließ, in manchem doch lückenhaft bleibt.

6.1. Die literargeschichtlichen Sequenzen sind klar: Das nach Entfaltung drängende Element jenes berühmten Lobrufs (v. 1) wird zunächst in der Trias der Strophen ausgebaut und erzeugt so die Einheit v. 1.4–22. Erweiterungen schließen sich in der Folgezeit an: erst Strophe IV, danach die abschließende Dichtung. – Mag sein, im Zusammenhang mit diesen Erweiterungen, vermutlich mit dem so bewußt-prononcierten weisheitlichen Schluß, bringt eine Retusche, v. 17a, konträr zu den in v. 43 apostrophierten Weisen die »Toren« herein. Mehr als eine Erwägung kann dies freilich nicht sein. – Was den Einschub v. 2–3 anbelangt, so läßt sich sicher nur sagen, daß er relativ spät erfolgte. Der Umstand, daß er in Anlehnung an Jes 49,12[1] und unter Aufgabe des angerissenen Duktus der vier Himmelsrichtungen jene »Sammlung« just auch »vom Meer her« stattfinden läßt, könnte[2] darauf hin deuten, daß er erst vorgenommen wurde, nachdem die die Errettung vom Meer her behandelnde Strophe (also IV) angehängt worden war. – Ganz und gar nicht zu klären ist, wie mir scheint, in welchem zeitlichen Verhältnis jener Einschub (v. 2–3) und das Schlußstück zueinander stehen. Man muß sich mit der Feststellung begnügen, beide seien wohl ähnlich spät, entstammten den letzten Akten im Entstehungsprozeß des Psalms.

6.2. Ist die Frage der *relativen* zeitlichen Abfolge, soweit überhaupt möglich, geklärt, so bleibt die der *absoluten* Datierung. – Hierzu ist vorab zu sagen, daß das Traditionselement 107,1, das den Ausgangspunkt des Entstehungsprozesses markiert, schon *vor* 587 im Kult des Jerusalemer Tempels geläufig gewesen ist[3]. Es ist entsprechend auch für die gesamte exilisch-nachexilische Zeitspanne als movens vorauszusetzen. Der Beginn des Entstehungsprozesses war in diesem Zeitraum jederzeit möglich. Ein genauerer terminus a quo respektive ad quem läßt sich an Hand dieses Elements nicht gewinnen.

---

[1] S. o. Ziff. 3.6.
[2] Freilich nicht absolut schlüssig; denn v. 3 könnte auch nachträglich adaptiert worden sein. Da aber der Autor des Einschubs ohnehin an deuterojesajanischen Worten Maß nahm (vgl. Ziff. 3.6), möchte ich diese Eventualität nicht vorziehen.
[3] S. o. Ziff. 3.7.

Aufschluß, was ersteren, den terminus a quo, anbelangt, gewährt indessen die *Trias der Strophen*. Mit *ihrer* Abfassung (nicht mit der Entstehung jenes Lobrufs) setzt die Genese des Komplexes Ps 107 ein[4]. Vielerlei Rückbezüge auf Worte des exilischen Propheten Deuterojesaja[5] geben einen, wenn auch nur vorläufigen, terminus post quem an die Hand. Vorläufig, insofern es mancherorts scheint, als sei auch jüngeres prophetisches Schrifttum mit im Spiele gewesen[6]. Reicht dieser Eindruck allein noch nicht aus, um in der Datierung herunterzugehen, so kommen vor allem Berührungspunkte mit Stellen des Hiobbuches zu Hilfe[7]. Diverse Zusammenhänge mit der ursprünglichen Hiobdichtung[8] legen es nahe, an *deren* Entstehungszeit und also an das 5. bis 3. Jh. v. Chr. zu denken[9].

Besondere Beachtung verdient, daß die II. Strophe der Trias in einer engen und substantiellen Beziehung zu Hi 36,8 ff. steht. Das ist insofern beachtlich, als diese Passage zu den Reden Elihus gehört[10], die ins Gefüge der Hiobdichtung – so gut wie sicher – erst nachträglich eingefügt wurden[11]. Demnach hat der Autor jener drei Strophen die durch den Einschub der Reden Elihus erweiterte Fassung der Hiobdichtung gekannt und vorausgesetzt. Mag diese Einfügung auch »recht bald«[12] erfolgt sein, so scheint sich doch ableiten zu lassen, daß die Trias der Strophen, Grundbestand in Ps 107, nicht gleich zu Beginn jener Zeitspanne, 5. bis 3. Jh., sondern wohl eher um die Mitte dieser Spanne oder nach ihr abgefaßt wurde. Präziseres zu sagen, scheint (derzeit) nicht möglich zu sein.

Versucht man das *Schlußstück des Psalms,* die spätere der beiden Erweiterungen und damit den (neben v. 2–3) relativ spätesten Bestandteil des Komplexes (v. 33–43), absolut zu datieren, so ist die Sachlage verblüffend ähnlich[13]: Abhängigkeiten vom zweiten Jesajabuchteil markieren nur vorläufig die obere zeitliche Grenze. Ausschlaggebender ist, daß das Hiobbuch mehrfach zitiert und mithin vorausgesetzt ist[14]. Zwei der Zitate

---

[4] S. o. Ziff. 5.3.
[5] Vgl. hierzu und überhaupt zum Folgenden die Ziffern 3.2–3.4.
[6] S. o. Ziff. 3.4.
[7] Weniger die mit anderen Elementen der jüngeren Weisheit, da sie sich chronologisch gesehen noch schwerer verrechnen lassen. Gleichwohl – daß es auch *sie* gibt, sei wenigstens in Erinnerung gerufen.
[8] Im einzelnen: mit Hi 3,5; 10,21; 34,22, mehr noch mit 22,18; 38,2.17, nicht zuletzt mit 33,20 und 36,8 ff. Vgl. dazu die Ziffern 3.2 und 3.3, besonders aber auch die Ziffer 4.2.
[9] Zur Begründung vgl. G. Fohrer, KAT XVI, 42, ferner etwa O. Kaiser, Einleitung in das Alte Testament, 1975³, 356.
[10] Ihr Umfang: 32,1–37,24.
[11] Zur Begründung vgl. etwa G. Fohrer a. a. O. 40 f.
[12] So Fohrer a. a. O. 42.
[13] Vgl. zum Folgenden oben Ziff. 3.1.
[14] Berührt werden auf die eine oder andere Weise Hi 5,11a.16b; 12,21a.24b; 22,19a.

6.2. Zeitansatz

(Hi 12,21a und 12,24b) sind einer sekundär eingeschobenen Passage (Hi 12,12—25) entnommen[15]. Also stellt die durch Einschübe erweiterte Hiobdichtung wiederum den terminus post quem für die Entstehung dieses relativ spätesten Psalmteiles dar. Man sieht sich damit von neuem auf die mittleren oder späteren Phasen des Zeitraums vom 5. bis zum 3. Jh. verwiesen.

In beiden Fällen, beim relativ frühesten *und* spätesten Textteil, also dieselben Datierungen! Falsifiziert dies nicht noch im nachhinein, was unsere literarkritischen Analysen ergaben? Schiebt dies nicht, was literargeschichtlich-zeitlich aufgefächert wurde, unversehens wieder zusammen? Natürlich nicht. Denn was die Versuche, absolut zu datieren, eruierten, ist nicht ein Zeitpunkt, sondern ein Zeitraum! Ein Zeitraum von einer Erstreckung, die — um es durch einen Vergleich zu verdeutlichen — den Abstand von der Französischen Revolution bis zur Gegenwart noch um einiges übersteigt. Der in Frage kommende zeitliche Rahmen (rund gesagt: von der Mitte des 5. bis hin zum Ende des 3. Jh. v. Chr.) reicht zweifellos üppig aus für die ja nicht allzu vielen Etappen des Entstehungsprozesses, der zu Ps 107 geführt hat: für die Abfassung des primären Bestands, der Trias der ersten drei Strophen, und für die Entwicklung jener Perspektiven, unter denen dann sukzessive die verschiedenen Erweiterungen erfolgten. — Man mag es bedauern, daß die Bestrebungen, absolut zu datieren, die erarbeitete relative zeitliche Ansetzung nicht positiv (mit einer Aufeinanderfolge von Zeitpunkten) verifiziert haben. Falsifiziert haben sie sie aber auch in gar keiner Weise! Sie brachten vielmehr den zeitlichen Spielraum zutage, der die Genese unseres Psalmes vollauf erklärt. Und sie erwiesen — dies ist nicht das geringste —, daß Ps 107, zumal in seinen jüngsten Bestandteilen, zum Allerspätesten im alttestamentlichen Kanon gehört.

Schließlich bleibt nachzutragen, daß Strophe IV, das zeitlich gesehen mittlere Glied in der genetischen Kette, nicht einen einzigen Textzug enthält, der aus dem umgrenzten Zeitraum herauswiese. Und auch der Einschub v. 2—3 fügt sich in den ermittelten chronologischen Rahmen. Da er mit hoher Wahrscheinlichkeit nicht nur deuterojesajanische Stellen, sondern auch Tritojesajanisches im eigentlichen Sinne voraussetzt[16] und überdies noch andere Symptome sehr später Entstehung aufweist[17], läßt er auch seinerseits den umschriebenen Zeitraum annehmen[18]. Somit stimmen

---

[15] Zur Begründung vgl. Fohrer a. a. O. 242.245.
[16] Vgl. im einzelnen Ziff. 3.6 und speziell zur wahrscheinlichen Bezugsstelle Jes 62,10—12 die Ausführungen O. Kaisers, Einleitung in das Alte Testament, 249 oder etwa auch die G. Fohrers, Das Buch Jesaja, III, ZBK 1964, 13.
[17] Siehe auch dazu oben Ziff. 3.6.
[18] Zur Frage der Ansetzung tritojesajanischer Texte vgl. D. Michel, Zur Eigenart Tritojesajas, ThV 10 (1965/66) 213—230, insbesondere 222.223.230, und nochmals O. Kaiser a. a. O. 249/50.

in jedem Falle die Resultate zusammen: Der Geschichtsabschnitt, in dem Ps 107 heranwuchs, ist am Tage.

6.3. Es genügt, en passant zu erwähnen, daß als *Ort* der Entstehung im Ernste nur Palästina, näherhin, die Jerusalemer Region in Betracht kommen kann: Der Urheber der Hiobdichtung, von welcher Ps 107 in verschiedenen Teilen (nicht bloß in v. 33—43) abhängt, hat höchstwahrscheinlich in Palästina gelebt[19]. Die Sammlung der in die Länder Verstreuten (v. 2f.) ist von Jerusalem aus konzipiert worden. Die Schlachtung der Schlachtopfer, zu welcher der triadische Schluß des Dreistrophengedichtes auffordert (v. 22), war in der angenommenen Epoche nirgendwo anders als im jerusalemitischen Tempel vollziehbar. Alles zusammen gestattet den sicheren Schluß, der Werdegang unseres Psalmes habe sich — in den frühen und in den späten Stadien — in Palästina, ja, im Jerusalemer Bereiche vollzogen.

6.4. Verfolgt man die Frage nach dem *Sitz im Leben,* so ist dies — nach allem verständlicherweise — nicht gleich für den Psalm insgesamt möglich, sondern zunächst nur im Blick auf seine diversen Bestandteile, die im Sinne der Literar- und (in einem Falle) der Überlieferungskritik voneinander unterschieden sein wollen.

6.4.1. Es ist in Erinnerung zu rufen[20], daß der Lobruf Ps 107,1, welcher Anstoß und movens der Genese des Psalms war, von Hause aus der *Gemeinde* und nicht den einzelnen galt. Er war — das ergibt sich hieraus — ebendort zu vernehmen, wo sich die sakrale Gemeinde der Jahweverehrer zusammengefunden und dargestellt hat: im *gemeindlichen Jahwefestkult.* Dies läßt sich nicht nur erschließen, sondern auch dokumentieren. So spiegelt Ps 118,1ff. eine festgottesdienstlich-liturgische Verwendung wider; Ps 136,1ff. desgleichen. Auf seine Weise verrät auch Ps 100,4.5, daß der so häufig zitierte Lobsatz im gemeindlichen Tempelfestkult eine wichtige Rolle gespielt hat. Nicht zuletzt verdient die Erzählung II Chr 20 Erwähnung: Sie bezeugt unseren hymnischen Satz in einem Kontext eigener Prägung, sprengt aber, insofern sie öffentlichgemeindlichen Kultus voraussetzt, den Rahmen des Bisherigen nicht.

Versucht man, über das Gesagte hinaus, den Sitz im Leben *näherzubestimmen,* so bieten sich, wie aus den genannten Passagen ersichtlich, verschiedene Möglichkeiten an, die aber im Horizont der hier vorliegenden Studie nicht alle eruiert werden müssen. Gelegen ist nur an *einer* der möglichen Näherbestimmungen: an der, die sich aus Ps 116,17.18; 50,14.15; 100,4.5 und Jer 33,10.11 nahelegt[21]. Aus der prophetischen Textstelle erhellt, daß der Hymnus *hodû l^{e}jhwh* ... bekanntermaßen rezitiert worden ist, »wenn man *tôdā*-Opfer im Jahwe-Haus darbringt«.

---

[19] Mit Fohrer, KAT XVI, 43.
[20] Einiges klang schon, lediglich beiläufig, im Zusammenhang der Ziff. 3.7 an.
[21] Zum letztgenannten Passus siehe W. Rudolph, HAT I 12, 1958², 196ff.

6.4. Sitz im Leben

Ps 116,17.18 und 50,14.15 verraten[22], wer die *tôdā*-Opferdarbringenden waren: Es sind die, die, als sie in Not waren, für den Fall ihrer Errettung durch Gott *tôdā* zu opfern gelobt hatten[23]. Die Verse Ps 100,4.5, welche sichtlich jenen Lobruf verarbeiten, könnten, wie mir scheint, dafür sprechen, daß er nicht von den *tôdā*-Opfernden selber ausgebracht wurde, sondern von andern: wahrscheinlich von einem am Tempel amtierenden Chor. Der Ruf *hodû l^{e}jhwh* ... dürfte, von Chorsängern zum Vortrag gebracht, an diejenigen ergangen sein, die sich zur *tôdā*-Opferdarbringung verpflichtet hatten. Vermutlich galt er als Auftakt zur festgottesdienstlichen Handlung, in deren Verlauf die geschuldeten Opfer darzubringen waren. (Jer 33,11 erzwingt dieses Verständnis zwar nicht, läßt es aber zweifellos zu.) In jedem Falle steht der szenische Zusammenhang zwischen der *hodû l^{e}jhwh*-Rezitation und der *tôdā*-Opferdarbringung im Rahmen des gemeindlichen Tempelfestkultes fest[24]. Und ebenso sicher geht aus der genannten Jeremiabuchstelle hervor, daß diese Art Sitz im Leben schon im Jerusalemer Kult der vorexilischen Zeit existierte und andererseits dementsprechend für den Kult des zweiten, des nachexilischen Tempels wiedererwartet wurde. Es scheint mir nicht zweifelhaft zu sein, daß dieser für unseren Lobruf in Betracht kommende Sitz im Leben der prophetischen Erwartung gemäß tatsächlich auch restituiert worden ist. So ist, sogar was die zeitliche, die geschichtliche Erstreckung anlangt, der im Rahmen der vorliegenden Studie interessierende Sitz im Leben ermittelt, in dem die Lobüberlieferung, die den Ausgangspunkt der Genese unseres Psalmtextes bildet, zuhause gewesen ist.

6.4.2. Der »Sitz«, für den diese Lobtradition zu jenem Dreistrophengedicht entfaltet und ausgebaut wurde, kommt in v. 22 verhältnismäßig deutlich zur Sprache. Die Trias der Strophen hat die Darbringung von *tôdā*-Schlachtopfern im Auge. Nicht daß sie, die genannten drei Strophen, *während* des Schlachtopfervollzugs als eine Art begleitender Legende zum Vortrag gekommen wären. Es geht zwar aus dem erwähnten Verse (und parallel etwa auch aus Ps 116,17) hervor, daß diejenigen, die die *tôdā*-Opfer vollzogen, dazuhin noch Jahwes rettende Taten bezeugten[25]. Der Text aber jener ersten drei Strophen war sicher nicht das, was sie selbst zu

---

[22] Zum Verständnis dieser Passagen vgl. R. Rendtorff, Studien zur Geschichte des Opfers im Alten Israel, WMANT 24, 1967, 135 f., aber auch H.-J. Kraus, BK XV/1, 378 f.

[23] Vgl. in diesem Zusammenhang auch die (komplexe) Opfertora Lev 7,12 ff., nicht zuletzt Lev 7,16. Siehe dazu R. Rendtorff a. a. O. 65, ferner K. Elliger, HAT I 4, 1966, 80 f.87 ff.

[24] Ob sich von I Sam 1,3.21 aus — mit Gunkel-Begrich a. a. O. § 7 (2) 266 u. a. — die Erwägung rechtfertigen läßt, bei diesem gemeindlichen Tempelfestkult könnte es sich um das Herbstfest gehandelt haben, mag hier dahingestellt bleiben. (Vgl. etwa H. J. Stoebe, KAT VIII 1, 1973, 94—96. 99—100.) Aus allgemeineren Gründen hat der Gedanke an das Herbstfest allerdings manches für sich.

[25] Vgl. in diesem Zusammenhang auch Ps 22,23 ff.

verlautbaren hatten. Vielmehr war er wesentlich *Aufruf,* Aufruf zur *tôdā*-Opferdarbringung und zu jenem begleitenden worthaften Zeugnis. Er ging insofern der *tôdā*-Opferhandlung und den Lobpreisungen (den »Dankliedern«) der einzelnen *vorauf,* war kultische Einleitung, Initiationsakt zu diesen[26], gehörte in dieser Funktion ohne Frage derselben Festkultbegehung in den Vorhöfen des Jerusalemer Heiligtums an, wurde wohl aus berufenem Mund an die *tôdā*-Opferpflichtigen gerichtet, behaftete diese bei den sie verpflichtenden Erfahrungen, aktivierte, was sie zur *tôdā* motivierte, gab das Signal, mit den persönlichen Darbringungen und Bezeugungen im Beisein der Gemeinde[27] zu beginnen. Der Sitz im Leben des primären Bestands liegt, wie ich meine, überzeugend zutage[28].

6.4.3. Blickt man zurück, so ist nicht weniger klar, daß der »Sitz« des altüberkommenen Lobrufes selber (107,1) und der seiner primären poetischen Entfaltung (107,1.4−22) völlig identisch sind. Die erste Phase der Genese des Psalms führte nach allem aus dem ursprünglichen »Sitz« nicht heraus, war mit keiner Transplantation in einen anderen Verwendungskontext verbunden. Die Bindung an die *tôdā*-Opferdarbringung einzelner im Rahmen des Jerusalemer Tempelfestkults bestand ununterbrochen fort: Der Ruf *hodû l^{e}jhwh* ... initiierte schon vor dem Exil jene *tôdā*-Akte. Er tat es auch noch, als er nach dem Exil, zwischen dem 5. und 3. Jh. v. Chr.[29], im Dreistrophengedicht expliziert war.

6.4.4. Man behauptet gewiß nicht zuviel, fügt man (über die Frage nach dem Sitz im Leben hinausgreifend) hinzu, dieses, das in drei Strophen entfaltete Gedicht, sei, jenem perpetuierenden kultischen Bezuge entsprechend, in Kreisen des Jerusalemer Tempels entstanden. (Indes − daß dem so ist, das ist erst später weiter zu verfolgen.)

6.4.5. Vergleicht man die jussivischen Aufrufe, die die hinzugefügte IV. Strophe (in v. 31.32) beschließen, mit den Appellen am Schluß des Dreistrophengedichts (v. 21.22), so sticht, was abweicht, ins Auge. Zwar halten sich die Aufforderungen zu Lobpreisungen Jahwes durch: Der Kehrversaufruf *jôdû l^{e}jhwh* ... wird erneuert (vgl. v. 31 mit 8.15.21); und in den Jussiven, Jahwe zu erheben (v. 32a), ihn zu lobpreisen (v. 32b), wird der Appell wiederholt, die Taten Gottes zu künden (v. 22b). *Nicht* wiederholt wird jedoch das Verlangen, *tôdā*-Schlachtopfer zu schlachten (v. 22a). Dies läßt, wenn auch nur tastend, die Frage verfolgen, ob etwa in der späteren Phase der Genese des Psalms, in der der primäre Bestand um die IV. Strophe ergänzt worden ist[30], nicht mehr − oder nicht mehr im

---

[26] Mit H.-J. Kraus, BK XV/2, 737.
[27] Vgl. dazu Ps 116,17−19 oder etwa auch Ps 22,23 ff.
[28] Den kultischen Zusammenhang im weiteren Sinne mag, wie schon in Anm. 24 erwähnt, das Herbstfest gebildet haben.
[29] S. o. Ziff. 6.2.
[30] S. o. Ziff. 5.4 und 6.2.

selben Maße wie früher — an jener *tôdā*-Opferdarbringung gelegen gewesen sein sollte.

Beim argumentum e silentio bleibt es hier nicht. Fürs erste ist zu erwägen, ob nicht bedacht werden muß, was unsere Näherbestimmung des Inhalts der ergänzten Strophe ergab. Bei ihr war deutlich geworden[31], daß sie, diese hinzugedichtete Strophe, wenn überhaupt, so jedenfalls selten auf wirkliches Erleben abhob, daß es ihr also nicht — bzw. nur eben sehr selten — darum gegangen sein konnte, existentiell betroffene Menschen zur Erfüllung anhängiger Opferverpflichtungen handfest zu drängen. Weit mehr ist es der IV. Strophe darum zu tun gewesen, in Vervollständigung der irdischen Erfahrungsbereiche auch Jahwes souveränes Schalten und Walten im Bereiche des Meeres zu feiern und jene Erstaunlichkeiten zu rühmen, die sich in der Folge dieses Schaltens und Waltens gerade in dieser befremdlichen Sparte »Natur« ergeben. Sollte also die hinzugekommene Strophe nicht dieser besonderen Ausrichtung wegen verhältnismäßig uninteressiert gewesen sein, den in der Vorlage enthaltenen Appell, *tôdā*-Schlachtopfer zu schlachten, noch einmal ergehen zu lassen?

Ein anderer Faktor kommt mit in Betracht: eine Verschiebung in der Wertschätzung der einzelnen Momente des Tempelkults nämlich[32]. Mehrere Texte zeigen sie an: u. a. Ps 40,7.8; 51,18.19, nicht zuletzt auch Ps 69,31.32. Die Wertschätzung verschob sich — genauer gesagt — vom herkömmlichen (tierischen) *tôdā*-Opfer weg, konzentrierte sich auf den von Opferriten nicht mehr flankierten Vortrag psalmischer *tôdā*, exklusiv also auf das worthaft lobpreisende, dankende Lied. Dieser wohldokumentierte Vorgang läßt fragen, ob, als die ergänzende Strophe abgefaßt wurde, nicht gerade auch *er* zum Tragen gekommen sein könnte, ob nicht die besagte Verschiebung (mit-)ursächlich gewesen sein mag für die Übergehung des überkommenen Opferappells (v. 31.32).

Was zunächst nur *Möglichkeit* ist, erlangt eine gewisse *Wahrscheinlichkeit*, bezieht man in die Überlegung ein, welche Kreise hinter der Verschiebung in jener Wertschätzung standen. Allein prophetische sind es gewiß nicht gewesen, obschon es unstreitig ist, daß sich gerade in ihnen Opferkritik geregt hat[33]. Anhaltspunkte wie Qoh 4,17; 9,2 erlauben indessen die Schlußfolgerung, daß *auch Weise*, Weise der spätnachexilischen Zeit — *der* Zeit also, dem die Weiterungen in Ps 107 entstammen![34] — den Tieropferriten im zweiten Jerusalemer Tempel reser-

---

[31] S. o. Ziff. 4.4.
[32] S. Mowinckel, Psalmenstudien, VI 1924. 1961², 51.
[33] Vgl. namentlich Gunkel-Begrich a. a. O. § 7 (8) 278, dazu aber auch J. J. Stamm, Ein Vierteljahrhundert Psalmenforschung, ThR NF 23 (1955) 61 ff.
[34] Zur literargeschichtlichen Einordnung der Worte Kohelets vgl. etwa H. W. Hertzberg, KAT XVII 4—5, 1963, 42—52 oder O. Kaiser, Einleitung in das Alte Testament, 1975³, 362 f.

viert gegenüberstanden[35]. Stellt man in Rechnung, daß, wie gezeigt[36], die hier fragliche Strophe IV aus dem Fundus der Weisheit gespeist ist, daß ihr Verfasser sapientialem Milieu am nächsten gewesen ist, dann wird es durchaus plausibel und bis zu einem gewissen Grade wahrscheinlich[37], daß eine verhaltenere, kritischere Einschätzung des tierischen Opfers *mit* zu dem Verzicht geführt hat, noch einmal *tôdā*-Opfervollzüge zu fordern.

Sollte dem so gewesen sein, sollten die genannten Tendenzen die Unterlassung eines nochmaligen Opferappells in v. 32 bewirkt haben, dann freilich wäre wohl auch zu erwägen, ob nicht in jener späten, fortgeschritteneren Phase, in welcher Strophe IV addiert worden ist, der so erweiterte Psalm (107,1.4—32) *in toto* auf einen »Sitz« bezogen gewesen ist, in dem die erretteten einzelnen nur noch *tôdā*-Psalmgedichte, nicht aber mehr Schlachtopfer darbrachten, Schlachtopfer im eigentlichen Sinne des Worts. Der von Haus aus auf Opfervollzüge abzielende Halbvers 22a wäre dann spiritualisiert aufgefaßt worden. Bei den Kultakten, in denen, was jener Halbvers verlangte, exekutiert worden ist, hätte eine Spiritualisierung, eine »Entdinglichung« stattgehabt, die in der Substitution des tierischen Opfers durch das »Wort« der *tôdā* bestanden haben würde[38]. Die Veränderung wäre stillschweigend zustande gekommen: ohne daß sie den überkommenen sprachlichen Ausdruck affiziert und modifiziert haben würde.

Träfen unsere Überlegungen zu, dann wäre mit der Erweiterung des Psalms um Strophe IV eine Veränderung bei seinem Sitz im Leben einhergegangen: Der derart erweiterte Text würde — nach wie vor in initiierender Funktion! — »individuellen« *tôdā*-Akten zugeordnet gewesen sein, die nicht mehr in der Darbringung tierischer Opfer bestanden, sondern nur noch, exklusivermaßen, in der Rezitation von *tôdā*-Psalmen, in worthaften Jahwe-Lobpreisungen und -Danksagungen.

Dieser Wandel der Dinge (er an und für sich; andere Entwicklungen stehen auf einem anderen Blatt; s. u. Ziff. 6.4.6) bedeutete noch in gar keiner Weise eine Lockerung der Bindung an den Tempel und den dortigen Gemeindefestkult. Das erste der beiden in v. 32 parallelen membra, v. 32a, verlangt ja auch ganz ausdrücklich, Jahwe solle *biqᵉhăl-ʿam* erhoben und gepriesen werden, »im Aufgebot der Mannschaft«, inmitten des zum Gottesdienst im Vorhof des Tempels versammelten Jahwevolks[39].

---

[35] Vgl. dazu auch ergänzend R. Rendtorff a. a. O. 66.
[36] S. o. Ziff. 3.5 und 3.8.4.
[37] Nicht mehr!
[38] Vgl. hierzu und zur Problematik im ganzen H.-J. Hermisson, Sprache und Ritus im altisraelitischen Kult. Zur »Spiritualisierung« der Kultbegriffe im Alten Testament, WMANT 19, 1965, im besonderen 62.
[39] Zur Bedeutung von *qhl* in den Psalmen und gerade auch an der vorliegenden Textstelle vgl. L. Rost, Die Vorstufen von Kirche und Synagoge im Alten Testament. Eine wortgeschichtliche Untersuchung, BWANT IV 24, 1938. 1967², 30.

Bezieht man in die Betrachtung mit ein, daß äquivalente Angaben, so die in Ps 22,23.26 und 40,10.11, ihren jeweiligen Kontexten zufolge den Tempel als »Ort« und die kultische Gemeinde als »Forum« voraussetzen[40], so steht es erst recht außer Frage, daß Sitz im Leben sowohl des geforderten Lobpreisvollzugs als auch jenes Lobappells in der erweiterten Einheit nach wie vor der gemeindliche Tempelfestkult, der auf dem Zion, ist.

6.4.6. Indes – mit alledem ist noch nicht alles gesagt! Das zweite der in v. 32 parallelen membra, v. 32 b, hat – sagen wir – ein »Medium« im Auge, das, wie immer man es dreht und wendet, in dem soeben eruierten »Sitz« nicht unterzubringen ist. Es gibt nicht den leisesten Hinweis darauf, daß im Rahmen der in v. 32 a gemeinten kultischen Versammlung des Volkes eine »Sitzung der Alten[41]« stattgehabt hätte[42], die den genaueren »Ort« im Ablauf des umfassenderen kultischen Fests für die verlangte Lobpreisung dargestellt haben würde. So ist die Folgerung unumgänglich, mit *môšăb z^eqenîm* komme ein *zweiter, zusätzlicher* Verwendungskontext in Sicht, einer abseits von dem im Halbvers 32a apostrophierten Tempelfestkult.

Ihn zu identifizieren hält schwer. – Nicht daß es zweifelhaft wäre, daß es ihn gab! Spricht Strophe IV unseres Psalms von *môšăb z^eqenîm*, so bezeugt sie, sie allein schon genug und beweiskräftig, daß ein »Sitz« dieser Art existierte. Denn schlechterdings nichts spricht dafür, daß sie eine fiktive Größe kreiert hätte. – Schwierig ist nur, daß es, was diesen »Sitz« anbelangt, ansonsten total an direkten(!) Zeugnissen fehlt. Wenigstens im *kanonischen* Alten Testament. Knapp *unterhalb* der zeitlichen Grenze der kanonischen Literatur ist eine analoge Bezeugung mit Händen zu greifen: in JesSir 6,32ff. nämlich. Hier wird eine »Versammlung der Alten« er-

---

[40] Vgl. Ps 22,23.24.26.27 (Schlachtopfermahl-Implikation!) und 40,8.10.11 (Herzutreten an heiliger Stätte nebst Zeugnis vor andern!).

[41] In der (erstaunlicherweise oft überhaupt nicht wahrgenommenen) Frage, ob *z^eqenîm* an der vorliegenden Stelle »Alte« oder »Älteste« im Sinne von Amtsträgern heißt, meine ich mich (gemäß der von G. J. Botterweck in ThWAT, II 1977, 641 aufgestellten Regel sowie mit W. Baumgartner, Hebräisches und aramäisches Lexikon zum Alten Testament, 1967³, 267) für ersteres entscheiden zu sollen. L. Rost gibt zwar an Hand einer Stellen-Statistik nachdrücklich der Überzeugung Ausdruck, die nachexilische Literatur kenne das Institut der *z^eqenîm* gar nicht mehr (a. a. O. 62). Er führt aber die uns vorliegende Stelle (Ps 107,32) gleichwohl als Beleg für die Bedeutung »Älteste« an. Indes – hätte in die Waagschale fallen können, daß Strophe IV (und der Psalm insgesamt) der nachexilischen Ära entstammen (s. o. Ziff. 6.2), so hätte vermutlich auch Rost die Bedeutung anders bestimmt. – Zu der kaum noch nennenswerten Rolle der Ältesten in der Epoche nach dem Exil vgl. ergänzend J. Conrad, ThWAT, II 1977, 647.

[42] Vgl. in diesem Zusammenhang die beachtlich problembewußten Bemerkungen W. O. E. Oesterleys a. a. O. 456.

wähnt, eine $^{ca}dăt\ z^eqenîm$ (6,34)⁴³. Bemerkenswerterweise nicht so, als stelle sie eine Neuerung dar. Derjenige, der belehrt werden will, der Verlangen nach Weisheit hat, wird auf die – wie es scheint, wohlbekannte – Zusammenkunft hingewiesen: $bă^{ca}dăt\ z^eqenîm\ tă^{ca}mod\ /\ ûmî\ ḥakam\ bô\ tidbaq$: »In der Versammlung der Alten sollst du dich hinstellen; / und wer weise ist, dem sollst du dich anhängen« (6,34). Es scheint mir vertretbar zu sein, den $môšăb\ z^eqenîm$ unserer Psalmstrophe mit dieser $^{ca}dăt\ z^eqenîm$ zu identifizieren. Dies um so mehr, als die belegenden Texte, der kanonische und der apokryphe, zeitlich gar nicht so weit auseinanderliegen: Strophe IV in Ps 107 gehört innerhalb der Zeitspanne 5. bis 3. Jh. v. Chr. einer der späteren Phasen an. Der Text JesSir hingegen entstammt, wie es scheint⁴⁴, der Zeit um 190 v. Chr., ist mithin nicht sehr viel später als unsere Psalmstrophe entstanden. Zudem entspringen die beiden Texte derselben Region, der Jerusalemer Umgebung⁴⁵; und, was noch wichtiger ist, sie wurzeln auch beide im selben Überlieferungsbereich, in dem der israelitischen Weisheit⁴⁶. Es stellt also kein Risiko dar, jene Notiz in Ps 107,32b ins Licht der JesSir-Passage zu rücken und von ihr her näherzubestimmen, welcher Art jenes Medium $môšăb\ z^eqenîm$ wohl war.

Nach dem Kontext, nach JesSir 6,32–37 zu urteilen, war es mit gottesfürchtigen Betrachtungen befaßt, dabei aber zugleich didaktisch orientiert und wirksam. Die »Versammlung der Alten« fungierte als Pflegestatt der Belehrung, der Unterrichtung, war namentlich dazu da, das Verlangen nach Weisheit zu stillen. Der Lernbegierige, in der für die Sprache der Weisheit typischen Art mit $b^enî$, »mein Sohn«, angesprochen (v. 32)⁴⁷, wird (nicht nur, aber gerade auch) hier, bei dieser Versammlung, in die Schule geschickt⁴⁸. Zu den »Lehrstoffen« in diesem Kreis gehören – das unterliegt überhaupt keinem Zweifel – nicht zuletzt sapientiale Traditio-

---

[43] Nach M. H. Segal, ספר בן סירא השלם, 1958. Vgl. diese Textausgabe auch im folgenden, daneben die LXX und V. Ryssels Übersetzung in: Die Apokryphen und Pseudepigraphen des Alten Testaments, hg. v. E. Kautzsch, I (1900) 1962, 278.

[44] Zur Frage seiner Ansetzung vgl. etwa L. Rost, Einleitung in die alttestamentlichen Apokryphen..., 1971, 50.

[45] Siehe einerseits oben Ziff. 6.3, andererseits L. Rost a. a. O.

[46] Siehe einerseits oben Ziff. 3.5, andererseits L. Rost a. a. O. oder A. Weiser, Einleitung in das Alte Testament, 1966⁶, 356, vor allem aber auch H. L. Jansen a. a. O. 9 ff.63 ff.93 f. u. ö.

[47] Vgl. hierzu J. K. Kuntz a. a. O. 194–196.

[48] Die ausgeprägt didaktische Komponente wird es wohl rechtfertigen, jener Versammlung auch – sicher nicht nur! – schulischen Charakter zuzusprechen. Sie verdiente dann im Zusammenhang israelitischen Schulwesens, im weitesten Sinne verstanden, Beachtung, wobei es sonnenklar ist, daß sie nur mit speziellen »Stoffen« befaßt war. – Zum immer noch wenig erhellten Problemkreis Schulwesen ansonsten: H.-J. Hermisson, Studien zur israelitischen Spruchweisheit, WMANT 28, 1968, 97–136; dort weiterführende Literaturhinweise.

nen (v. 35). Die Alten, die sich zu jenem Kreise formieren, gelten offensichtlich als weise, einer landläufigen, auch im Umkreis der Weisheitsliteratur vorausgesetzten Meinung gemäß[49]. Alterserfahrene als Träger sapientialer Traditionen; für sich alleine, aber just auch in besagter Versammlung vereinigt, Lehrer in Sachen der Weisheit und in Dingen des Glaubens — das könnte, wie ich meine, sehr wohl das Medium gewesen sein, das zum Beschluß unserer IV. Psalmstrophe ins Auge gefaßt worden ist.

Stellt man auch im Zusammenhang dieser Sondierung in Rechnung, daß eben die genannte Strophe ohnehin im Bereiche der Weisheit wurzelt, nota bene *ausschließlich* in diesem Bereich[50], so erscheint es vollends plausibel, daß die Wendung *môšāb z^eqenîm* nirgendwo anders her deduziert werden sollte als aus der Sphäre der Weisheit. Hätte nicht jene Analogie in JesSir 6,34 den Blick in diese Richtung gerichtet, so hätte allein das Ergebnis der überlieferungsgeschichtlichen Ortung es eindringlich nahegelegt, *môšāb z^eqenîm* im Horizonte der Weisheit zu deuten. Eine »Sitzung«, eine »Versammlung« — wegen der relativ fortgeschrittenen nachexilischen Zeit nicht der »Ältesten«[51], sondern der »Alten«, d. h. der in ihrer Alterserfahrenheit Weisen[52], — läßt dieses nicht an eine Einrichtung denken, die mit der Pflege sapientialer Traditionen, mit der Bewahrung gewonnener Glaubenserfahrungen befaßt ist, gerade auch zu dem Behufe, diese zu tradieren, zu kommunizieren und mit ihnen Jüngere zu belehren? — Worauf jene Wendung *môšāb z^eqenîm* qua Element eines weisheitlich beeinflußten Kontextes hindeutet, das stellt der nach dem Ende des 3. Jh. fixierte, zeitlich entsprechend nahe Abschnitt JesSir 6,32 ff. anschaulich und überzeugend vor Augen. Die Annahme, es habe *auch diesen* Sitz im Leben gegeben und er komme bei Ps 107 in diesem Stadium der Genese ins Spiel, hat gute Gründe für sich[53]!

---

[49] J. Conrad a. a. O. 642.
[50] Noch einmal: s. o. Ziff. 3.5.
[51] Die Linie von Jer 18,18 nach Ez 7,26b, die von den Weisen zu den »Ältesten« (so die Mehrzahl der Ezechiel-Kommentatoren; anders indessen A. Bertholet, KHC XII, 1897, 43/44) führt (dazu die Frage J. Fichtners in: Jesaja unter den Weisen, ThLZ 74, 1949, 77), ist darum nicht zu verfolgen. Die Übersetzung in LXX kann nicht beirren.
[52] Vgl. in diesem Zusammenhang etwa auch Hi 15,9 f. (und dazu G. Fohrer, KAT XVI, 1963, 270) oder Hi 32,4—7. Siehe im übrigen nochmals J. Conrad a. a. O.
[53] Die Frage, wie das Verhältnis zwischen diesen Versammlungen und den Anfängen der Synagoge bestimmt werden muß (immerhin heißt συναγωγή auch »Versammlung«!), braucht hier nicht entschieden zu werden. Fest dürfte allerdings stehen, daß schon in der Gola Babyloniens »Notformen eines auch ferne vom Heiligtum geübten Gottesdienstes« aufgekommen sind (vgl. Ez 11,16b und dazu W. Zimmerli, BK XIII/1, 1969, 250), überdies etwa auch Ed. Lohse, Umwelt des Neuen Testaments, NTD Erg.reihe 1, 1977, 115). Manches spricht auch dafür, daß von da an das Nebeneinander des Kults an zentraler heiliger Stätte und anderer, gerade auch dezentralisierter Versammlungen zu Gottes Ehre

Sie läßt sich noch zusätzlich stützen: durch eine Erhebung, die sich von ganz anderer Seite her anbietet. Unterstellt man einmal hypothetisch, der Jussiv *j^{e}hăl^{e}lûhû* v. 32b ziele auf Jahwe-Lobpreisungen und -Danksagungen in solchen weisheitlich-didaktischen Sitzungen ab, dann müßte sich, sollte die Unterstellung zutreffen, sollte sie verifizierbar sein, die Existenz von »berichtenden Lobpsalmen«, von »individuellen« Dankliedern nachweisen lassen, die Merkmale weisheitlich-didaktischer Verwendung, Merkmale des Verwendungskontextes *môšăb z^{e}qenîm* in ihrem Textbestand aufweisen. Man muß diesen Gedanken bloß aussprechen, und auf der Stelle ist klar, daß es an derartigen Texten nicht fehlt. Es kann hier nicht darum gehen, erschöpfend vor Augen zu führen, wieviele Texte besagter Art im Psalter erhalten sind[54]. Es reicht, an *einem* Belegtext zu zeigen, daß er – er in sich selber – exakt so beschaffen ist, wie es der »Sitz« *môšăb z^{e}qenîm* in seiner umrissenen Eigenart fordert, wie er es erwarten läßt. – Ps 34 sei unser Exempel! Es ist *zum einen* in nicht zu bestreitender Weise ein Danklied d. e.[55]; vor allem v. 5 umschließt das Proprium dieser Gattung, den Bericht des Erretteten von seinem Geschick (von der Anrufung in Not, der Erhörung und der Befreiung). Ps 34 ist *zum anderen* Belehrung mit ausgeprägt weisheitlichem Einschlag. Was jener einzelne persönlich erfuhr, das macht er keineswegs nur, allgemeiner gefaßt, bekenntnishaft anderen zugänglich[56]. Er nimmt es vielmehr auch zum Anlaß breiter und kunstvoll gestalteter Belehrung, zieht dabei in beträchtlichem Maße Gedanken und Formen der Weisheit heran[57]. Die,

---

und Dienst bestehen geblieben ist. Zur Frage, von wann ab Synagogen in der palästinischen Heimat nachweisbar(!) sind, vgl. beispielsweise H. Kremers, in: BHH, III 1966, 1906. Zum Problem, was »gottesdienstlich« genannt zu werden verdient, siehe andererseits S. Holm-Nielsen, Hodayot. Psalms from Qumran, AThD 2, 1960, 333 ff. Nicht zuletzt verdient in unserem Zusammenhang die Erwägung des eben Genannten Beachtung: »Possibly the synagogue was not from the beginning regarded as a place for divine service, but as a centre of learning, where especially youths were instructed in the knowledge of the Scriptures, in the right attitude towards life, and in the piety of the ancestors ... But in the course of time what happened in the synagogue has at any rate been regarded as divine service, and it is highly questionable whether it is possible to draw a hard-and-fast line between the religious instruction and the divine service ...«. Holm-Nielsen, The Importance of Late Jewish Psalmody for the Understanding of Old Testament Psalmodic Tradition, StTh 14, 1960, 9.

[54] Der Verf. hofft *anderwärts* dartun zu können, in welchem Maße überkommene Psalmen dem fraglichen »Sitze« entsprechen.
[55] Vgl. etwa H. Gunkel-J. Begrich a. a. O. 265, Anm. 2; H. Gunkel, HK II 2, 142.
[56] Vgl. Gunkel-Begrich a. a. O. 272–273.
[57] Dies hat zuletzt und am detailliertesten J. K. Kuntz (a. a. O. 208 f.) aufgewiesen: »... the poet functions primarily as wisdom teacher. Four sagacious sayings (vss. 8–11) commend the deity to the audience assembled; terse admonitions (vss. 14–15) affirm the importance of honesty, goodness, and peace; and a sequence of seven proverbial sayings

die er derart zu belehren trachtet, apostrophiert er mit der in der Sprache der Weisheit konventionellen Anrede »Söhne«, die eben in jener JesSir-Passage, welche an die ʿᵃdắt zᵉqenîm verweist, genau entsprechend erscheint[58]. Kurzum, das Ausmaß, in dem hier ein »berichtender Lobpreis«, ein Danklied, zur Weisheitslehre ausgebaut ist, beeindruckt![59]

Es läßt geradezu zwangsläufig fragen, ob diese Art ins Sapiential-Didaktische umgesetzter Jahwe-Lobpreisung und -Danksagung noch immer *den* Sitz im Leben gehabt haben kann, den Danklieder d. e. von Hause aus hatten[60]. Nimmt man seine Zuflucht nicht dazu, mit einem »Sitz« im eigentlichen Sinne des Wortes der Einfachheit halber nicht mehr zu rechnen (und bloß noch an typische Schreibtischarbeit, ja, an Zettelwirtschaft zu denken[61]), so bleibt keine andere Wahl, als einen »Sitz« anzunehmen, der der Art des 34. Psalms korrespondiert, einen »Sitz« also, für welchen Lehre und Weisheit wesentlich sind. Wäre ein derartiger »Sitz« an der uns vorliegenden Psalmstelle 107,32b nicht ganz ausdrücklich genannt und würde er nicht aus JesSir ersichtlich sein, fürwahr, er müßte in Korrespondenz zum 34. Psalm und seiner signifikanten Struktur just so, wie wir ihn ausgemacht haben, postuliert werden!

Wertet man alles zusammen, die ausdrückliche Erwähnung in Ps 107, 32b, die weisheitliche Verwurzelung des dortigen Kontexts, die Sachparallele bei JesSir sowie den exemplarisch erwiesenen Umstand, daß es faktisch Psalmtexte gibt[62], die in ihrer inneren Struktur der Eigenart des *môšăb zᵉqenîm* entsprechen und mit denen ebenjenes Verlangen in 107, 32b adäquat erfüllt werden konnte, dann bleibt kein vernünftiger Grund

---

(*Sprüche*, vss. 16–22) either testify to the horrendous end which awaits the wicked or state positively Yahweh's concern for righteous conduct. Throughout the poem the sage draws upon his own experience and education. Moreover, several important wisdom features appear in the middle of the compositon. An 'ašrê formula is advanced in vs. 9b and functions there as an implicit admonition: 'Happy is the man who finds refuge in him (Yahweh).' In vss. 10 and 12 the fear of Yahweh is upheld as an earmark of piety, vs. 12 contains an admonitory address to sons ..., and vs. 13 advances a rhetorical question which deftly advertises the sage's capacity to school his pupils in wisdom. While the so-called wisdom words in Psalm 34 are not numerous, the stylistic and ideological traces of wisdom are many.« Siehe dazuhin S. Holm-Nielsen a. a. O. 49–50.

[58] Vgl. ebd. 6,32. Zur Stelle nochmals Holm-Nielsen a. a. O. 49.
[59] Nebenbei gesagt wird an der redaktionellen Überschrift (Ps 34,1) ersichtlich, daß just im Falle dieses Gedichts noch einmal eine Neuinterpretation erfolgte. Vgl. dazu B. S. Childs, Psalm Titles and Midrashic Exegesis, JSSt 16 (1971) 137–150, speziell 144f.
[60] H.-J. Kraus (a. a. O. 267f.) wirft anerkennenswerterweise diese schwerlich zu umgehende Frage auf, läßt sie am Ende allerdings offen. S. Holm-Nielsen (a. a. O. 50) kommt ansatzweise zu einer Antwort, bleibt aber bei der negativen Feststellung stehen: »... to such an extent ... disintegrated from its original 'Sitz im Leben'.«
[61] In diesem Sinne: H. Schmidt a. a. O. 64.
[62] Vgl. einstweilen Gunkel-Begrich a. a. O. § 7(8) 277.

zu bezweifeln, *môšāb zᵉqenîm*, die Versammlung, die Sitzung der Alten, stelle den Sitz im Leben dar, welcher, parallel zur Feier individueller *tôdôt* im Festkult des jerusalemischen Tempels, den Rahmen abgegeben hat für weisheitlich bestimmte Betrachtungen und Belehrungen in Dingen des Glaubens[63]. Texte wie der 34. Psalm sind hier zum Vortrag gelangt. Ps 107,32b fordert zu deren Vortrag auf, zur Rezitation solcher zu weisheitlichen Lehrpsalmen transformierter Danklieder.

Somit sind wir imstande, die Frage nach dem Sitz im Leben des um Strophe IV erweiterten Gedichts, Ps 107,1.4–32, abzuklären. Zwar geht aus der abschließenden Zeile, aus v. 32, nimmt man's genau, nur hervor, daß das zu diesem Umfang herangewachsene Gedicht auf *zweierlei* »Sitze« *Bezug nahm*: auf die *tôdā*-Feier *biqᵉhăl-ᶜam* im Vorhof des Jerusalemer Tempels *und* auf den *môšăb zᵉqenîm*. Es spricht jedoch alles dafür, daß der umschriebene Psalmtext auch selber auf diesen parallelen Veranstaltungen – und zwar auf beiden – zum Vortrag gebracht worden ist; nicht nur einmal, versteht sich, sondern sicherlich überlicherweise, wiederholt. Unser Psalm eröffnete die *tôdā*-Feier im Tempel[64], hatte hier seinen »Sitz« und seine Funktion. Er wurde – das scheint mir kaum weniger sicher zu sein – *auch* in den Versammlungen der Alten rezitiert. Denn: auch im *môšăb zᵉqenîm* hat es eines inaugurierenden Aktes bedurft, eines Appells, der die Darbietung jener sapiential-didaktisch gestalteten Danklieder – in der Art von Ps 34 – einleitete und die Versammelten, sowohl die zu solcher Zeugnisablegung Verpflichteten als auch deren Zuhörer, unter ihnen die zu Belehrenden, »einstimmte«.

Zu dieser Annahme führt nicht nur der Analogieschluß! Zu ihr führt *auch* – der Sonderchrakter der in diesem Stadium der Genese hinzugewachsenen IV. Strophe, das also, was diese gegenüber den voraufgehenden Abschnitten auszeichnet[65]. Versucht sie, sie allein und eigentümlicherweise, Erfahrungsbereiche zu komplettieren, Jahwes Überlegenheit über das Meer zu thematisieren, sie ad oculos auszumalen und dabei, fast kontemplativ, die Wunder Gottes im Bereiche des Meeres zu feiern[66], so sind dieses doch wohl Züge, die der Art der Versammlung der Alten, wie sie in JesSir 6,32ff. offenbar wird, um einiges mehr entsprechen als jenem Initiationsakt im Tempelfestkult, welcher, wie Strophe I bis III zeigen, ziel-

---

[63] Interessant, nebenbei gesagt, der Hinweis R. Kittels auf den *môšăb leṣîm* in Ps 1,1 (a. a. O. 352). So wie er gegeben ist, hilft er freilich nicht weit. Man kann aber im Licht unseres Resultates erwägen, ob jene Wendung in dem ja vermutlich gleichfalls nachexilischen Gedicht Ps 1 im Gegensatz zu *môšăb zᵉqenîm* formuliert worden sein könnte. Wäre dem so (ich wage dies nicht zu behaupten!), dann handelte es sich auch hier um einen Reflex, um eine (sehr!) indirekte Bezeugung unseres »Sitzes« *môšăb zᵉqenîm*.

[64] Siehe oben Ziff. 6.4.2; 6.4.3; 6.4.5.

[65] Siehe oben Ziff. 4.4.

[66] Vgl. vor allem noch einmal 107,24.25.26a und 29.

strebiger, strikter auf die *tôdā*-Opferpflichtigen zugeht. Und muß nicht auch in die Waagschale fallen, daß, was Strophe IV über Gottes Wunder in der Sphäre des Meeres ausführt, sich auffallenderweise am meisten mit Gedanken bei JesSir berührt?[67] Was aber bei letzterem fixiert wurde, ist das nicht dem, was im *môšăb z^{e}qenîm* verlautbarte, in besonderem Maße affin? Was Strophe IV in Ps 107, verglichen mit den voraufgehenden Strophen, zerdehnt und umfangreicher gemacht hat[68], sollte das nicht mit dem Betrachtungs- und Andachtscharakter zusammenhängen, der, JesSir 6,35 zufolge[69], die Versammlung der Alten gekennzeichnet hat? — Kurzum: Die innere Beschaffenheit, die propria der IV. Strophe, verstehen sich gewiß am besten, wenn der mit ihr schließende Psalm nicht bloß von außerhalb her auf jenen »Sitz« *môšăb z^{e}qenîm* Bezug nahm, sondern auch seinerseits *in* ihm, *in* diesem »Sitze« selber, verwurzelt und gebräuchlich war.

Aus alledem würde folgen, daß Ps 107,1.4—32 einen *doppelten* Sitz im Leben hatte: den angestammten in der Tempelkultfeier individueller *tôdā*-Darbringungen, dazuhin aber auch den, der sich inzwischen herausgeschält hatte, den »Sitz« des weisheitlich-didaktisch orientierten *môšăb z^{e}qenîm*. Jahwe-Lobpreisung und -Danksagung vollzog sich hinfort in einem »dualen System«. Der einschlägige feierliche Aufruf desgleichen[70]. Der verdoppelte Appell und Vollzug, der im zentralen Festkult und der flankierende in den gewiß weit häufigeren und dezentralisierten Versammlungen der Alten, hat — so wird man annehmen dürfen — den lobpreisenden, dankenden Zeugnissen d. e. zu breiterer, nachhaltigerer Wirkung verholfen. Insbesondere kam im Medium dieser Versammlungen die eindringliche Bemühung hinzu, zur Nutzanwendung der bezeugten Erfahrungen didaktisch anzuhalten.

6.4.7. Rückblickend ist festzuhalten: Hatte die erste Phase der Genese des Psalms, die Entstehung des Dreistrophengedichts aus der Keimzelle jenes Lobrufs (107,1) heraus, den Sitz im Leben, welchen letzterer hatte, gar nicht gesprengt[71], so greift die Entwicklung der zweiten

---

[67] »Die auf dem Meere fahren, erzählen von seiner Ausdehnung; wenn wir's mit unseren Ohren hören, werden wir starr vor Erstaunen. Dort gibt es Wunderdinge ...« usf. (JesSir 43,24f.) Aber auch: »Nach seinem Wort erbraust der Südwind ... und die Windsbraut des Sturms ...« (JesSir 43,17.16). Vgl. hiermit insbesondere Ps 107,23—25.
[68] Siehe oben Ziff. 2.3.
[69] Vgl. zum zugrundeliegenden Wort *śîḫā*: HAWAT, 270 (= »Betrachtung«, »Andacht«).
[70] Dem Verf. ist dieses Ergebnis nicht zuletzt auch im Blick auf die von ihm in der Elliger-Festschrift vorgetragene These interessant, es habe eine Art kontinuierlichen »berichtenden« Lobpreis gegeben (Kontinuität beim »berichtenden« Lobpreis des Einzelnen, AOAT 18, 1973, 17—24). *Eine* Möglichkeit, solchen Lobpreis in kontinuierlicher Wiederholung zu praktizieren, käme mit der im *môšăb z^{e}qenîm* zu vollziehenden Jahwe-Lobpreisung in Sicht. Dieses nur nebenbei.
[71] Vgl. die Zwischenbetrachtung in Ziff. 6.4.3.

Phase in einer ihrer Verzweigungen über den bisherigen »Sitz« hinaus. *Einer* der beiden Entwicklungszweige verbleibt nach wie vor in der Sphäre des Tempelfestkults, bleibt jener Darbringung »individueller« *tôdôt* in inaugurierender Funktion verhaftet, weist dabei freilich − so wollte es scheinen − Anzeichen einer Entdinglichung auf, eines Verzichts auf tierisches *tôdā*-Opfer. Der *andere* der beiden Entwicklungszweige wächst demgegenüber in ein neuartiges Medium hinein: in das jener weisheitlich-didaktisch bestimmten Versammlungen der Alten, welche, abseits vom Jerusalemer Tempelfestkult, aber darum noch nicht ohne weiteres ungottesdienstlich[72], ihr Eigenleben entfalteten. Ein und derselbe poetische Text, eben der auf vier Strophen erweiterte Psalm, wurde fortan in *beiden* »Sitzen« verwendet[73]. − Von diesem erstaunlichen Sachverhalt her erklären sich auch die abschließenden Phasen der Genese des Texts:

6.4.8. Der neuerliche Zuwachs v. 33−43 bringt − anders als der triadische Grundtext[74] und anders als dessen erste Erweiterung[75] − den »Sitz« nicht ausdrücklich zur Sprache. Indes, der ihm inhärente Charakter läßt kaum einen Zweifel daran, welchen »Sitz« er spezifisch voraussetzt. Er trägt, wie erwiesen[76], nicht nur hymnische und weisheitliche Züge, sondern auch paränetisch-didaktische. Er vermahnt und ermutigt − so wie das Art israelitischer Weiser ist[77] − nicht unmittelbar-imperativisch, sondern erzählt und bezeugt in indikativischem Modus, was eigenes Beobachten, Erfahren und Nachdenken an Glaubenseinsichten ergeben. Er erzählt und bezeugt in der Absicht, die Zuhörer möchten sich selber sagen, was aus dem allem für sie, für ihr eigenes Verhalten und Handeln, resultiert. Die Verbindung von Lobpreis und Sapientialem, das Ineinander von erzählendem Zeugnis, von Ermutigung, Vermahnung und Belehrung[78], überdies das Moment erbaulicher Betrachtung, die im vielgestaltigen Auf und Nieder, das das Leben, die Geschichte kennzeichnet, Jahwes Wesen, seine strafende, aber auch gütige Umschaffungsmächtigkeit wahrnimmt und den nach Weisheit Verlangenden dartut, − all das in diesem besonderen Verbund entspricht exakt dem Profil, das sich für den *môšăb* *zᵉqenîm*, den in v. 32 belegten »Sitz«, hat rekonstruieren lassen. *Er* ist für die nach Weisheit Verlangenden da[79]. *Er* vermittelt andächtige Betrach-

---

[72] Im Anschluß an JesSir 6,32ff. darf man vielleicht vermuten, besagte Versammlungen hätten halb Unterweisungscharakter, halb gottesdienstliche Art gehabt. (Vgl. hierzu nochmals Holm-Nielsen, Hodayot ..., 333 ff.)

[73] Er tut ihrer, wohlgemerkt, *beider* expressis verbis Erwähnung! Vgl. v. 32!

[74] Vgl. v. 22.

[75] Vgl. v. 32.

[76] Siehe oben Ziff. 4.5, dazuhin Ziff. 2.2.

[77] Siehe oben S. 66, Anm. 148.

[78] Dinge also, die in Ps 34 gleicherweise zusammenwirken! Siehe oben Ziff. 6.4.6.

[79] Vgl. noch einmal JesSir 6,32.37. (Das hitpol. von der Wurzel *bîn* erscheint beachtlicherweise in Ps 107,43 genau so wie in JesSir 6,37!)

tung⁸⁰, will unterweisen und weise machen, nicht zuletzt mit sapientialen Traditionen. Keine Frage: Die zweite Erweiterung des Psalms, v. 33—43, ist — wie die voraufgehende Strophe, an welche sie sichtlich anknüpft⁸¹ — in den »Versammlungen der Alten« zuhause; sie erfüllt die hier wesentlichen Funktionen.

Hatte sie nur hier, hier exklusivermaßen, ihren »Sitz«? Nicht mehr zugleich in jener *tôdā*-Feier im Vorhof des Tempels? — Die Frage ist schwer zu beantworten. Vor einem eilfertigen Ja warnt die Sachlage bei Strophe IV. Denn auch diese entsprach, wenigstens zu einem beträchtlichen Teil, den notae des *môšāb zᵉqenîm* und hatte gleichwohl keineswegs nur in ihm ihren Sitz im Leben, vielmehr zugleich noch *biqᵉhăl-'am*, im gemeindlichen Tempelfestkult. Der um Strophe IV vermehrte Bestand hatte — ganz ausdrücklich! — einen doppelten Sitz im Leben. Sollte dergleichen entsprechend für das noch einmal erweiterte Psalmgedicht gelten, für das Gedicht bis v. 43? — Der Umstand, daß der Psalm insgesamt im kanonischen Psalter Aufnahme fand, spricht nicht ohne weiteres dafür, daß er, er in toto, auch noch im Kult des zweiten Tempels weiterrezitiert worden wäre⁸². Auch wenn er *am Tempel* tradiert und in den Psalter rezipiert worden ist, braucht dieses nicht gleich zu bedeuten, er sei dort, noch in seiner letzten Gestalt, in seinem schließlichen, bis v. 43 reichenden Umfang am angestammten kultischen »Ort«, in Zusammenhang der *tôdā*-Feier also, weiterverwendet worden. Denkbar ist immerhin auch, daß dort nur die bis v. 32 reichende Fassung gebräuchlich geblieben ist. Die zusätzlich erweiterte Version könnte, obschon am Tempel erschaffen, verwahrt und weitergegeben, zum exklusiven, speziellen Gebrauch in den Versammlungen der Alten bestimmt gewesen sein. Setzt man einmal versuchsweise voraus, die Rücksicht auf ihre, dieser Versammlungen Belange könnte bei der Letztfassung des Psalters als Faktor miteingewirkt haben, dann wäre das Faktum ja auch schon genugsam erklärt, daß der Gesamtpsalm Aufnahme fand. — Es wird bei diesen Überlegungen deutlich, daß hier noch nicht alles spruchreif ist. Dementsprechend scheint es mir ratsam zu sein, diese Frage offen zu lassen.

6.4.9. Träfe die in Ziffer 6.1 angestellte Erwägung zu, es sei im Eingang der III. Strophe, im Stichos v. 17a, im Zusammenhang mit der zweiten Erweiterung⁸³ eine Retusche erfolgt, die im Gegensatz zu den in v. 43 angesprochenen Weisen der »Toren« Erwähnung tun wollte, so wäre dies für *den* Sitz im Leben geschehen, für den jenes Schlußstück an-

---

⁸⁰ Vgl. JesSir 6,35. Siehe dazu oben S. 97, Anm. 69.
⁸¹ Siehe oben Ziff. 4.5.
⁸² Gegenüber der Meinung, der Psalter sei zu kultischem (zu tempelkultischem!) Zwecke formiert worden, sind sicherlich Bedenken am Platz. Vgl. die Abwägung der Argumente bei Gunkel-Begrich a. a. O. 442 ff.
⁸³ Im Zusammenhang mit dem Appendix v. 33 ff. also.

gefügt wurde: Die Versammlungen der Alten hätten den Verwendungskontext des so retuschierten Textes gebildet. — Ob die veränderte Fassung auch bei der tempelkultischen Verwendung des Psalms zum Zug gekommen sein würde, muß in der Schwebe bleiben. Logischerweise aus ebendenselben Gründen, die auch im Falle jener Erweiterung, v. 33—43, einer sichereren Beurteilung im Weg waren.

6.4.10. Schwer abzuklären ist schließlich, ob die Einfügung der Verse 2—3[84] eine Veränderung beim Sitz im Leben bedeutet. — Die überlieferungsgeschichtlichen Ortungen, gleicherweise die Analysen der Inhalte zeigten, daß die interpolierten Verse mit dem Schlußstück v. 33ff. so gut wie gar nichts zu tun haben[85]. So läßt sich — zunächst einmal — *negativ* feststellen, der Einschub könne für denjenigen Sitz im Leben, den das Schlußstück, genauer gesagt, das um das Schlußstück erweiterte Psalmgedicht hatte, nicht vorgenommen worden sein[86]. Er ist nicht für den *môšāb z^eqenîm* und nicht in seiner Sphäre verfaßt worden. Die geschichtlich-politische Ausrichtung, aber auch der eschatologische Einschlag dieser interpolierten Verse sind dem, was die Versammlungen der Alten bewegte, wenig affin!

Dann aber bleibt nur die Annahme übrig, die Einschaltung sei im Verlaufe der tempelkultischen Verwendung des Psalmtexts geschehen, nicht abseits vom Kult auf dem Zion. Bedenkt man, daß der in den eingefügten Versen dominante Gedanke der Sammlung, der Wiederzusammenführung der in die Länder zerstreuten Jahweverehrer, Jerusalem/Zion als Zielpunkt und Zentrum voraussetzt[87], so läßt sich — des weiteren — *positiv* sagen, die Einfügung könne kaum irgendwo anders als in der Sphäre des Tempelkults auf dem Zion erfolgt und beheimatet gewesen sein.

Zu fragen bleibt, ob sie, die Einfügung v. 2—3, *innerhalb* des Tempelfestkults einen anderen Sitz im Leben bewirkt hat. — Es ist die Erwägung angestellt worden, ob es v. 2 nicht um die Errettung aus dem babylonischen Exil gegangen sein könnte. Dann wäre durch diesen eingearbeiteten Vers der überkommene Psalm in ein »Danklied des Volkes« transformiert worden[88]. Er hätte, das versteht sich von selbst, auch einen anderen, ausgesprochen gemeindlichen »Sitz« eingenommen. — Indes, diese Erwägung ist abwegig. Der Einschub der Verse 2 und 3, die, wie gesagt, im Enjambement zusammengehören[89], ist nicht Reflex der Errettung aus dem babylo-

---

[84] Vgl. oben Ziff. 5.2.
[85] Vgl. Ziff. 3.6 mit 3.1 und 4.6 mit 4.5.
[86] Gegen H.-J. Kraus a. a. O. 737.741.
[87] Dies ist auch durch Ps 147,2(.12) wohlbelegt.
[88] So, wie gesagt, erwägungsweise H.-J. Kraus a. a. O. 737. Vgl. aber auch die en petit-Abschnitte a. a. O. 738f. sowie das Resümee a. a. O. 741; das Moment vorsichtiger Erwägung ist hier unversehens vernachlässigt.
[89] Vgl. oben Ziff. 2.1.

nischen Exil. Er ist innerhalb des Zeitraums vom 5. bis 3. Jh. v. Chr. — und hier eben relativ spät — entstanden, setzt, indem er statt einfach aus den vier Richtungen des Himmels, auch ausdrücklich »vom Meer her« heimführen läßt, vermutlich bereits die Erweiterung durch die IV. Strophe voraus[90]. Wie sollte es, vom Ereignis der Repatriierung aus Babylonien zeitlich so abgerückt, plötzlich dazu gekommen sein, daß aus einem ganz anders gelagerten Psalm vermittels einer Interpolation ein gemeindliches Danklied — just noch über jenes entfernte Ereignis — hergestellt worden wäre? Nein, eine so späte und überdies komplizierte Dankreaktion ist wenig plausibel![91] — Vor allem verdient beachtet zu werden, daß die interpolierten Verse die Sammlung »aus den Ländern«, aus allen Richtungen der Erde meinen, die abschließende, allumfassende Zusammenführung, die aus der Diaspora. Es ist schon ausgeführt worden, daß sie, die totale Sammlung, nur anfangsweise verwirklicht, im wesentlichen erhofft und antizipiert worden ist[92]. Soweit überhaupt schon die in v. 2f. erhobene Lobforderung in praxi realisierbar war, konnten es — in der fraglichen Spätphase nach dem Exil — faktisch nur einzelne sein, heimgekehrte einzelne, die als eine Art ἀρραβών für die noch der Sammlung Harrenden Lob abzustatten hatten. Zwar ist dieses Lob nur noch bedingt »individuell«. Es ist aber, soweit überhaupt vollziehbar, eindeutig die Sache einzelner. Ist somit — so möchte man fragen — nicht daran zu denken, es sei in einem sehr fortgeschrittenen Stadium der Genese des Psalms zu den bisherigen Gruppen erretteter einzelner hin noch eine weitere hinzugekommen: die, die für die Erlösung aus der Diaspora Gott zu lobpreisen hatte? Auch wenn die zu dieser Gruppe Gehörenden bloß pars pro toto agierten, so ist es gut vorstellbar, daß sie, diese weitere Gruppe, sich in den Rahmen der überkommenen tôdā-Feier einfügte. Dies um so mehr, als in der betreffenden Spätphase ja auch die tôdôt aller anderen wahrscheinlich(!) spiritualisiert-entdinglicht (und d. h. ohne flankierendes tierisches Opfer) dargebracht wurden. Das Lob, das in v. 2b und 3 in seiner Substanz gekennzeichnet ist, konnte sich mit den übrigen, ja ebenfalls ausschließlich worthaften tôdôt verbinden — trotz der ihm eigenen besonderen Momente. So scheint es alles in allem nicht nötig zu sein, hier noch eine weitere Verpflanzung in einen neuen Sitz im Leben anzunehmen[93].

---

[90] Vgl. oben Ziff. 6.1 und 6.2.

[91] Natürlich spielen bei diesem Dissens mit Kraus die so divergenten Zeitansätze eine Rolle. Auf die Idee einer Aktualisierung unter dem Eindruck der Errettung aus dem babylonischen Exil vermag nur zu kommen, wer der Auffassung ist, der Psalm könne in seinem ursprünglichen Bestande »sehr alt sein« (so Kraus a. a. O. 737). Daß dies eine Fehleinschätzung ist, erweist unsere überlieferungsgeschichtliche Ortung; vgl. Ziff. 3 (dazuhin 6.1 und 6.2).

[92] Siehe oben Ziff. 4.6.

[93] Natürlich kann es wohl sein, daß die aus der Diaspora erretteten einzelnen (dem ursprünglichen Wortsinn entgegen!) auch in Strophe II, ja, vielleicht gar in I, Bezugnahmen

6.4.11. Faßt man rückblickend zusammen, welche Sitze im Leben Ps 107 im Verlauf seiner Genese hatte, so ergibt sich folgende Entwicklung: In den ersten Stadien des Entstehungsprozesses, die vom vielverwendeten, formelhaften Lobruf (107,1) zum Dreistrophengedicht (107, 1.4−22) und hernach zum erweiterten, vierstrophigen Psalmtext (107, 1.4−32) führte, ja, noch im Stadium des Einschubs v. 2−3, durch welchen das Gedicht den Umfang 107,1−32 erlangte, war Sitz im Leben die Feier der Darbringung individueller *tôdôt* im Vorhof des Tempels auf dem Zion, im Beisein der Kultgemeinde, im weiteren Rahmen des Jahwefestkults. In all diesen Stufen des Entstehungsprozesses versah das Gedicht die Funktion eines Initiationsaktes, wurde in dieser Funktion *tôdā*-Pflichtigen zugesprochen. Dieser offensichtlich lang währende, zählebige Sachverhalt, der möglicherweise, freilich keineswegs sicher, auch noch der Erweiterung durch v. 33 ff. zugrundelag, umschließt, wie es scheint, interne Veränderungen: Einerseits die, die auf eine Spiritualisierung, eine Entdinglichung jener *tôdôt* hinauslief. Sie macht sich, höchstwahrscheinlich, schon bei der ersten Erweiterung (um v. 23−32) bemerkbar. Andererseits ist es dazu gekommen, daß sich bei jener Feier auch solche zu einer lobpreisenden, dankenden Gruppe zusammenfanden, die sich als »Erstlinge« einer Wiederzusammenführung aus der Diaspora verstanden. Diese Neuerung spiegelt sich im Einschub v. 2−3 wider. − Besonders gravierend ist, daß sich dem umschriebenen relativ konstanten »Sitz« von einem bestimmten Punkt der nachexilischen Ära an ein andersgearteter, vom Tempelkult auf dem Zion geschiedener Sitz im Leben hinzugesellt: der Sitz *môšăb z*qenîm*, der Versammlungen der Alten, welche, weisheitlich beeinflußt und didaktisch orientiert und wirksam (und bei alledem vielleicht nicht ungottesdienstlich), den zentralen Kultus flankierten. Bereits der um Strophe IV erweiterte Psalm hatte zugleich diesen neuartigen »Sitz«, erscholl in inaugurierender Funktion hier und dort, in den Versammlungen der Alten und an seinem altherkömmlichen tempelkultischen »Ort« (v. 32!). Im Stadium der zweiten Erweiterung (um v. 33−43) ist, wie mir scheint, nur noch der Zusammenhang mit den Versammlungen der Alten spürbar, und es muß dahingestellt bleiben, ob daneben der tempelkultische »Sitz«, welcher die Entwicklung anfänglich allein trug, noch weiter im Spiele ist. − Aufs ganze gesehen ist wichtig, beim Werdegang des Psalms 107 das Phänomen der Verdopplung des Sitzes im Leben, des Übergangs zur zwiefachen und so intensivierten Verwendung des Texts und, last not least, der Verlagerung des Antriebs der Genese vom primären zum sekundären »Sitz« aufweisen und studieren zu können.

---

auf ihr eigenes Erleben heraushörten. Aber selbst wenn dem so gewesen sein sollte, so würde dies noch lange nicht das Strophengedicht Ps 107 in ein »Danklied des Volkes« transformiert haben. Allermindestens die Strophen III und IV waren gegenüber einer solchen Verwandlung absolut sperrig.

6.5. Urheberschaft

6.5. Noch ein Wort zur *Urheberschaft*! Wiederum differenziert nach Textschichten. Daß nur wenig feststellbar ist, wird den Kundigen kaum überraschen. Gleichwohl bedarf unsere Studie einer Abrundung auch unter diesem Aspekt.

6.5.1. Reflektiert man die Urheberschaft beim primären Bestand unseres Psalms, bei 107,1.4–22, so bietet sich als Ausgangspunkt an, daß dieses Gedicht im Festkult des Jerusalemer Tempels eine wichtige Funktion erfüllte[94]. Schlechterdings nichts spricht dafür, daß es abseits von demselben, »privatim«, erschaffen und von außerhalb in den Kultus des Tempels hereingebracht worden sein sollte. Es hat vielmehr alles für sich, daß es *im* Tempelbereich, von einem Tempelbeamten erarbeitet worden ist[95]. Ja, man wird den in Frage kommenden Kreis noch weiter einengen dürfen: Der Urheber des Dreistrophengedichts ist weniger unter den Priestern als unter den berufsmäßigen »Sängern« am Tempel zu suchen. Dafür gibt es Gründe im allgemeinen[96]; daraufhin deuten aber auch Indizien im vorliegenden, im speziellen Fall. Zum einen sind die in Betracht kommenden Strophen wesensmäßig nicht Priester-*tôrā*[97]. Sie sind vielmehr Aufruf zum Lobpreis, zur »individuellen« *tôdā*, zugleich aber auch Lob im Vollzug. Zum anderen verdient Beachtung, woraus sie entwickelt worden sind. Sie sind Entfaltung des Lobrufs *hodû l^{e}jhwh* ...[98]. Lob aber, das in diesem Rufe zentriert ist, wird in einem sehr bemerkenswerten Text expressis verbis »Sängern« zugeschrieben, »levitischen« Sängern am Jerusalemer Tempel, *m^{e}šor^{e}rîm*, die im Kultschmuck Jahwe lobpreisen (und die, wie es scheint, auch bestimmte Musikinstrumente zu diesem Behufe verwenden[99]). Der Beleg steht in II Chr 20[100], einer Passage, die die Sänger nicht beiläufig erwähnt, der es vielmehr ganz speziell um das Sängeramt geht[101] und die – auch das ist bedeutsam – dem chronistischen Grundbestand angehört, einem literarischen Zusammenhang also, der just jenem Zeitraum entstammt, in dem auch die fraglichen Psalmstrophen zustande gekommen sind[102]. Man wird also annehmen dürfen, daß in der Zeit, in der diese Strophen abgefaßt wurden, speziell und notorisch »levitische« Sänger am Tempel mit diesem Lob *hodû l^{e}jhwh* ...

---

[94] Siehe oben Ziff. 6.4.2 und 6.4.3.
[95] Vgl. Ziff. 6.4.4. Im gegebenen Falle mit S. Mowinckel, Psalmenstudien, VI, 8 ff.
[96] Vgl., was diese anbelangt, S. Mowinckel a. a. O. 37 ff.
[97] Dies zeigt sich allein schon in Ziff. 2.2. – Gegen H.-J. Kraus a. a. O. 737.
[98] Vgl. neben Ziff. 2.2 insbesondere Ziff. 5.1 und 5.3.
[99] Zu letzterem siehe auch Mowinckel a. a. O. 39.
[100] Vgl. vor allem v. 19.21.22.28.
[101] Mit H. Gese, Zur Geschichte der Kultsänger am zweiten Tempel, 1963, in: Vom Sinai zum Zion, BEvTh 64, 1974, 155.
[102] Vgl. einerseits Ziff. 6.2, andererseits W. Rudolph, HAT I 21, 1955, X. 260 oder auch P. R. Ackroyd, TBC 1973, 25 f. (dort ergänzende Angaben).

befaßt waren. Dann aber drängt sich die Annahme auf, Ps 107,1.4−22 sei von einem der ihren, nicht etwa von einem aus einem anderen Stande, aus besagtem Lobruf deduziert worden[103].

Dieses Ergebnis verträgt sich mit dem Befund unserer überlieferungsgeschichtlichen Ortung[104]. Bei dieser ließ sich ja zweierlei feststellen: Zum einen, der Autor der ersten drei Strophen habe sich vom prophetischen Schrifttum der Spätzeit beeinflussen lassen; zum anderen, er sei auch sprachlichen und gedanklichen Einwirkungen aus dem Milieu der Weisheit ausgesetzt gewesen. Beides − auch in dieser Verbindung − ist nun aber im Rahmen der Überlieferungsbezüge erklärlich, in welchen Sängergruppen am zweiten Tempel[105], soweit wir dies noch zu erkennen vermögen, standen.

Feststeht, daß »levitische« (levitisierte[106]) Sänger am Tempel als Nachfolger und Sachwalter der alten Propheten, insbesondere der Kultpropheten, erschienen[107]. Signifikant ist die Sicht des Chronisten, die, wie schon gesagt, demselben Zeitraum entstammt, in welchem auch unsere Psalmstrophen entstanden: Die Tätigkeit, die »levitische« Sänger ausüben, wird im chronistischen Werk »Prophezeien« genannt und mit dem Verbum *nibba'* umschrieben (I Chr 25,1−6). Was ein »levitischer« Tempelsänger (Jachaziel) nach der Erzählung von II Chr 20,14 ff. wahrnimmt, ist eine prophetische (kultprophetische) Funktion. Die »Leviten«, die in II Chr 34,30 statt der in II Reg 23,2 erwähnten Propheten in Aktion treten, sind in jener Zeitspanne nach dem Exil offensichtlich äquivalent mit diesen. Der Umstand, daß Tempelsängerführer den Prophetentitel »Seher« tragen (I Chr 25,5; II Chr 29,30; 35,15), zeigt noch ein weiteres Mal, wie sehr der chronistische Zeuge die »levitischen« Sänger von den Propheten her gesehen und eingeschätzt hat. Es ist wahrscheinlich, daß diese Sicht dem Selbstverständnis − wenn nicht aller, so doch vieler − »levitischer« Sänger in jener nachexilischen Phase entspricht. Dann aber ist der historische

---

[103] Bemerkenswerterweise deutet A. Deissler (a. a. O. 427) die Auffassung an, Ps 107,1−32 sei von einem Leviten vorgetragen worden. Die in der vorliegenden Arbeit entwickelte Meinung, ein levitischer Tempelsänger sei Verfasser, nicht bloß Vortragender gewesen, dürfte gleichwohl nicht zu weit greifen. Sowohl II Chr 20,22a als auch I Chr 16,7ff. (sekundär im chronistischen Werk!) lassen auf eine Art Produktivität jener Sänger am Tempel schließen. Vgl. nicht zuletzt S. Mowinckels Argumente a. a. O. 39/40.

[104] Vgl. oben Ziff. 3.2−3.4, dazuhin 3.8.3.

[105] Vgl. dazu H. Gese a. a. O. 147 ff.

[106] Vgl. dazu etwa A. H. J. Gunneweg, Leviten und Priester. Hauptlinien der Traditionsbildung und Geschichte des israelitisch-jüdischen Kultpersonals, FRLANT 89, 1965, 209 ff.

[107] Vgl., auch im folgenden, S. Mowinckel a. a. O. 48 ff.; A. R. Johnson, The Cultic Prophet in Ancient Israel, 1962², 69 ff., aber auch etwa H. H. Rowley, Worship in Ancient Israel: Its Forms and Meaning, 1967, (161.)171.

Rahmen ersichtlich, in welchem der Vorgang, daß ein »levitischer« Sänger an prophetisches Schrifttum anknüpft, verständlich zu werden vermag.

Aber auch dafür finden sich Anhaltspunkte, daß sich Sänger am zweiten Tempel – in dem einen oder anderen Fall – von *Weisen* hergeleitet haben. Heman und Etan, erklärtermaßen »levitische« Sänger (I Chr 6,16 ff.; 15,16 ff.), jeder der beiden heros eponymus einer Tempelsängergilde, standen in dem Ruf, zugleich auch Weise zu sein (I Reg 5,11). Interessanterweise belegen die Beischriften Ps 88,1 und 89,1, daß es spätnachexilisch zu der Überzeugung gekommen ist, Psalmen seien von (levitisierten, nicht eigentlich levitischen) weisen Sängern abgefaßt worden[108]. Daß sich auch hier ein historisches Faktum abzeichnet, ist wahrscheinlich: Es hat offenbar (mit der Tradierung von Psalmen befaßte!) Gruppierungen von Sängern gegeben, die in einer mehr oder weniger bewußten Beziehung zur Weisheit standen. So kann es nicht wundernehmen, wenn psalmdichtende »levitische« Sänger sich auch von Einflüssen der Weisheit berührt zeigen.

Die Bandbreite dessen, was möglich gewesen ist, liegt zutage: In den verschiedenen Gruppen »levitischer« Sänger sind Bezüge zur Prophetie und ihrem Vermächtnis möglich gewesen, aber auch solche zur Weisheit. Es liegt in der Natur der Sache, daß in diesen diversen Gruppen entsprechend diverse Überlieferungsbezüge – je für sich, aber auch in der einen oder anderen Weise gebündelt – zustande zu kommen vermochten. In diesen, wie ich meine, plausiblen historischen Rahmen fügt sich der Autor des Grundbestands von Ps 107 mit seinen Bezügen sowohl zu prophetischer als auch zu sapientialer Überlieferung ein. Die These, er habe zu den »levitischen« Sängern am zweiten Tempel gehört, ist also in gar keiner Weise schwierig[109].

6.5.2. Reflektiert man den Einschub v. 2f. unter dem Aspekt seiner Urheberschaft, so ist an ihm nichts, was aus dem eben skizzierten Rahmen herauswiese. Die Anlehnung an prophetisches Schrifttum, an den zweiten und vermutlich auch dritten Jesajabuchteil[110], ist im Kreise »levitischer« Sänger, die sich als Erben, als aktualisierende Sachwalter des Vermächtnisses der Propheten verstanden[111], mehr als begreiflich. Zwar ist mit dieser Feststellung noch nicht der Beweis erbracht, daß tatsächlich ein

---

[108] Vgl. in diesem Zusammenhang Gese a. a. O. 149 ff., speziell auch 151, Anm. 17.
[109] Es verdient beachtet zu werden, daß sowohl die Indizien für eine Befassung jener Sänger mit dem Lobruf *hodû l^{e}jhwh* . . . als auch die meisten der Anhaltspunkte für die Bezüge der eben verhandelten Art fast ausschließlich chronistisch sind. Was hier zur Auswertung gelangte, ist relativ homogen! Es entstammt einem Werk, das an der Tempelsängerschaft interessiert war. Daß es, soweit es die Verhältnisse seiner eigenen Zeit darstellt, als Autorität in Betracht kommen kann, ist sicher.
[110] S. o. Ziff. 3.6 sowie 3.8.2.
[111] Vgl. die an G. v. Rad anknüpfenden Ausführungen Gunnewegs a. a. O. 215.

Angehöriger dieser Sängerschaft jenen Einschub besorgte. Aber es ist doch immerhin klar, daß, was ohnehin am wahrscheinlichsten ist, faktisch auch möglich war: die Fortschreibung des auch noch im Stadium dieser Interpolation im Tempelkult beheimateten Psalmtexts[112] in der für die Tradierung des tempelkultischen Liedguts zuständigen Tempelsängerschaft[113], die Fortschreibung des Gedichts durch ein nachgeborenes Glied dieses Standes, das auf Aktualisierung einer überlieferten prophetischen Erwartung bedacht war.

6.5.3. Bei Strophe IV, v. 23–32, ist die Urheberfrage analog zu beantworten: Das hinzugedichtete Stück ist dem Kultus des Tempels nicht entfremdet (v. 32a)[114], dürfte entsprechend noch immer von einem Sänger-Tradenten abgefaßt sein. Dies um so mehr, als es auch in den Grundzügen seiner poetischen Formung (was etwa Kehrverse und schematischen Aufbau anlangt) am Vorbild der älteren Strophen ausgerichtet bleibt. Der Umstand, daß es nicht prophetische Elemente verwendet, sondern aus dem Fundus der Weisheit schöpft[115], braucht – nach dem, was wir uns klargemacht haben[116] – von dem Gedanken, ein Sänger sei Urheber gewesen, keineswegs abzubringen. Sängergruppen weisheitlicher Deszendenz hat es ja eben gegeben! Und die Vorstellung fällt nicht schwer, in der so bewegten Geschichte der Kultsänger am zweiten Tempel[117] sei auch einmal ein Sänger-Tradent sapientialer Couleur, einer, der Weisen nahegestanden hat[118], an die Aufgabe der Tradierung, der Weitergabe und Weiterentwicklung des Psalms 107 gelangt.

6.5.4. Kurzum: Solange wir Grund zu der Annahme haben, die Schichten des Psalms hätten – ausschließlich oder wenigstens zu einem Teile noch immer – im Kultus des Tempels ihren Sitz im Leben gehabt, hätten mithin zum tempelkultischen Liedgut gehört, haben wir auch Anlaß zu glauben, Sänger am Tempel hätten nicht nur die Tradierung unseres Komplexes besorgt, sondern auch als Autoren, als Poeten, seine Genese getragen. Herleitungen aus dem Bereiche der Sängerschaft am zweiten Tempel empfehlen sich hierbei auch darum, weil diese, in der Vielfalt ihrer Gruppierungen, die diversen Überlieferungsbezüge in den Bestandteilen unseres Psalms umfassend zu erklären vermögen.

6.5.5. Prüft man die zweite, die relativ spätere Erweiterung, v. 33–43, unter dem Aspekt der Urheberschaft, so rät der Umstand zur Vorsicht,

---

[112] S. o. Ziff. 6.4.10.
[113] Vgl. zur besagten Zuständigkeit etwa auch Gunneweg a. a. O. 214.
[114] S. o. Ziff. 6.4.5.
[115] S. o. Ziff. 3.5 und 3.8.4.
[116] S. o. Ziff. 6.5.1.
[117] Siehe Gese a. a. O. 147–158.
[118] Zu den beachtenswert fließenden Übergängen siehe einstweilen S. Mowinckel, Psalms and Wisdom, VTS 3, 1960, 206.

6.5. Urheberschaft

daß der Zuschnitt dieser erweiternden Verse ausgeprägt und spezifisch auf den »Sitz« *môšāb z^{e}qenîm* hinausläuft und ihre *dortige* Verwurzelung und Verwendung evident ist, wohingegen die Frage, ob auch ein paralleler Gebrauch im Kultus des Tempels in Betracht kommt, gänzlich offen, um nicht zu sagen, im Dunkeln bleibt[119]. Hieraus folgt, daß es fraglich, ja, daß es zweifelhaft ist, ob auch der durch v. 33—43 erweiterte Psalm noch zum tempelkultischen Liedgut gehörte. Man wird es entsprechend nicht wagen, auch noch diese zweite Erweiterung (und was mit ihr zusammenzuhängen scheint[120]) von einem Sänger am Tempel herzuleiten.

Nun aber ist es ja längstens am Tage, daß es ein *Weiser*, nicht ein Sänger, gewesen ist, der jenes Appendix verfaßt hat. Er verrät sich als solcher durch seine wiederholten und intensiven Bezugnahmen auf Stücke der Hiobdichtung[121], nicht minder durch die weisheitliche Art, indirekt zu vermahnen[122], vor allem aber auch durch seine Orientierung am Leitbild des Weisen[123] und, nicht zuletzt, durch die Überzeugung, die die Schlußfrage[124] bestimmt, nur der Weise könne die Erfahrungen des Weisen fassen und verfolgen[125]. — Daß er auf der anderen Seite auch prophetisches (heilsprophetisches) Textgut in seinen Versen verwendet, paßt bei alledem völlig ins Bild: Es gehört ja — um dies in Erinnerung zu rufen[126] — sehr wohl auch zum Selbstverständnis des Weisen, berufener Nachfolger und Sachwalter der alten Propheten zu sein[127]. Keine Frage also: Der Autor der zweiten Erweiterung ist ein Weiser!

Mir scheint: damit ist noch nicht alles gesagt! Es ist auch der Beachtung wert, daß dieser Weise *Texte zitiert*, daß er sie nicht bloß dem Sinne nach, annähernd, zum Zug bringt, daß er sie vielmehr in der Intensität und Exaktheit bewußter, regelrechter Zitate anführt (Jes 50,2b in 107,33a; Jes 41,18b in 107,35; Hi 12,21a in 107,40a; Hi 12,24b in 107,40b; Hi 5,16b in 107,42b). Die Dichte und Präzision des Zitierens, die den Verfasser der Schlußverse auszeichnen, werden von den Autoren der übrigen Psalmteile im selben Maße noch nicht erreicht[128]. Hinzukommt, daß der Dichter der Schlußverse sich auch in Nachinterpretationen versucht, in Nachinterpretationen, die Stellen der Strophe I zum Gegenstand haben (vgl. v. 36 mit v. 4 und v. 5, des weiteren v. 40b mit v. 4)[129]. Dies

---

[119] Vgl. oben Ziff. 6.4.8. [120] S. o. Ziff. 6.4.9. [121] S. o. Ziff. 3.1.
[122] S. o. Ziff. 4.5, insbesondere S. 66, Anm. 148.
[123] Siehe noch einmal Ziff. 3.1.
[124] »Wer ist weise, daß er's beachte, daß er die *ḥasdê jhwh* verstehe?« v. 43.
[125] S. o. Ziff. 4.5.
[126] Vgl. oben gegen Ende der Ziff. 3.1.
[127] Vergleichenswert JesSir 39,1 und 49,7ff., insbesondere 49,9.
[128] Der Vers 107,16, der — geringfügig abwandelnd — Jes 45,2b wiederverwendet, stellt eine gewisse Ausnahme dar.
[129] Siehe dazu oben Ziff. 4.5 und 5.5.

alles, vornehmlich jedoch jener erstgenannte Befund, erweckt, wie mir scheint, den Eindruck, es habe für diesen Verfasser der zweiten Erweiterung schon heiliges Schrifttum gegeben, mit dessen Hilfe und Anleitung er vorzugsweise formuliert und sich Autorität zu verschaffen versucht hat. Ich meine, hier bilde bereits »das Aufkommen eines Kanonbewusstseins«[130] den geschichtlichen Hintergrund. Träfe dies zu, so würde dies zusätzlich die Annahme erhärten, v. 33–43 stelle – zusammen mit v. 2–3 – den allerspätesten Zuwachs zu dem Gedicht Ps 107 dar[131]; dieser Zuwachs gehörte tatsächlich in die Spätphasen des Zeitraums 5. bis 3. Jh. – Noch wichtiger aber ist mir die Folgerung, der Weise, der das Appendix verfaßte, sei zugleich auch ein des heiligen Schrifttums kundiger, »schriftgelehrter« Schreiber gewesen. Längst ist der Nachweis erbracht, daß sich – gerade in der späteren Zeit, aus der jene Schlußverse herrühren[132] – zwischen Weisen und gelehrten, schriftgelehrten Schreibern oft nicht mehr unterscheiden läßt[133]. Die Doppelcharakterisierung jenes Verfassers als eines Weisen *und* Schriftgelehrten ist also ganz unproblematisch.

Damit ist die Gestalt konturiert, die den Psalmschluß geschaffen und durch ihn den ererbten Komplex als lehrhaft-paränetisch verwendbares Ganzes neugefaßt hat[134]: Letztlich ist es ein weiser schriftgelehrter Schreiber gewesen, aus dessen Händen wir den so weitläufig gewordenen Gesamttext, der in den »Versammlungen der Alten«, selbstverständlich wiederholt, der Belehrung und Vermahnung gedient hat, haben.

6.5.6. Es ist interessant: Mit der Verpflanzung – aus dem Tempelkultus heraus – in diesen andersgearteten Sitz im Leben[135] ist offensichtlich auch eine andersgeartete Urheberschaft verbunden. Der Kultsänger am zweiten Tempel wird durch den Weisen, den schriftgelehrten Schreiber abgelöst. Indes, ganz so weit sind die beiden wohl nicht auseinander gewesen. Sie haben, in der in Frage kommenden Zeit, in einer Symbiose am Tempel zusammengelebt – und wohl auch zusammengewirkt. Denn: zum einen versteht sich's von selbst, daß am Jerusalemer Tempel – angesichts der Bedeutung, die hier Schrift und literarische Überlieferung hatten – eine eigene Tempelschule bestand[136]. Zum anderen hat man Grund zu der

---

[130] I. L. Seeligmann, Voraussetzungen der Midraschexegese, VTS 1, 1953, 152.
[131] S. o. Ziff. 6.1 und 6.2.
[132] Oder gar schon in den Tagen des Propheten Jeremia? Vgl. Jer 8,8.
[133] Vgl. H. Ludin Jansen a. a. O. 59 ff.; S. Mowinckel a. a. O. 206; ferner (bezogen auf JesSir) W. Baumgartner, Die literarischen Gattungen in der Weisheit des Jesus Sirach, ZAW 34 (1914) 162 f.
[134] Nur anmerkungsweise sei daran erinnert, daß es hierbei zur punktuellen Bearbeitung des älteren Bestandes (etwa im Stichos v. 17a) gekommen sein könnte.
[135] S. o. Ziff. 6.4.8 (und 6.4.9).
[136] Vgl. H.-J. Hermisson, Studien zur israelitischen Spruchweisheit, WMANT 28, 1968, 129 ff.

6.5. Urheberschaft

Annahme, es seien in dieser Schule, jedenfalls in der spätnachexilischen Zeit, die Traditionen der Weisheit rezipiert, ja, sogar dominant gewesen[137]. Die damaligen Schreiber der Tempelschule waren wesentlich Weise! — Auf der anderen Seite ist klar, daß die Sänger am Tempel, soweit sie mit der schriftlichen Übermittlung des Liedguts befaßt waren, einer einschlägigen Ausbildung, einer Schreiberschulung bedurften. Verstünde sich das nicht von selbst, so würde die Erzählung in I Chr 25 auf den Sachzwang dieser Ausbildungsbedürftigkeit aufmerksam machen[138]. Denn sie setzt bei Sängern des Tempels ausdrücklich ein Lehrer-Schüler-Verhältnis (*mebîn ʿim-tålmîd*) voraus (v. 1ff. und v. 8). Es drängt sich die Annahme auf, die Schreiberschulung der Sänger werde nicht völlig unverbunden neben der Schreiberausbildung der Tempelschule einhergegangen sein. Vielmehr ist zu vermuten, daß es Zusammenhänge, daß es Wechselbeziehungen gab. Die Sänger am Tempel werden (mindestens auch!) bei den gelehrten, im heiligen Schrifttum kundigen Schreibern und Weisen der Tempelschule gelernt haben. Und letztere werden (mindestens auch!) mit den Liedtexten der ersteren gelehrt haben. Was Wunder, daß sie an der Tradierung und Fortschreibung des Liedguts der Sänger nach und nach Anteil erlangten! Das Faktum, daß sie Urheber und Träger der »spätjüdischen Psalmendichtung« waren[139], ist das Endergebnis dieser Entwicklung und beweist in der Retrospektive, daß sie so gelaufen sein muß.

Aus der umschriebenen Symbiose erklären sich hinreichend die abschließenden Vorgänge in der Genese des Psalms 107: Jener Tempelsänger weisheitlicher Couleur, der Strophe IV hinzugefügt hat, stand fraglos den Weisen der Tempelschule relativ nahe. Kann es noch wundernehmen, daß der durch ihn erweiterte Psalm auch in die Hände der Weisen und durch ihre Vermittlung in jenes weisheitlich-didaktische Medium der »Versammlungen der Alten« gelangte, daß er so zu einem zusätzlichen Sitz im Leben kam[140]? Und kann es noch wundernehmen, daß dann, nachdem dieser Schritt getan war, ein des heiligen Schrifttums kundiger Weiser der Tempelschule für den ihm am Herzen liegenden »Sitz« unseren Psalm noch geeigneter, noch zweckdienlicher machte, daß er ihn ein zweites Mal, nun ausgesprochen weisheitlich-didaktisch-paränetisch ausbaute[141]?

Besagte Symbiose läßt es an sich nicht ganz ausschließen, daß der im Kreise der Weisen der Tempelschule fortgeschriebene Text in der Folge von Tempelsängern auch im angestammten tempelkultischen »Sitz« parallel zum Zug gebracht worden und daß so der doppelte »Ort«, der in

---

[137] Vgl. Hermisson a. a. O. 130f. (und unter Berücksichtigung der dortigen Vorbehalte) H. Ludin Jansen a. a. O. 57ff.100ff.
[138] Natürlich nicht nur in den Elementaria der Kunst des Lesens und Schreibens!
[139] Vgl. die dieser gewidmete Abhandlung H. Ludin Jansens a. a. O. passim.
[140] S. o. Ziff. 6.4.6 und 6.4.7.
[141] S. o. Ziff. 6.4.8 und 6.4.9.

107,32 bezeugt ist, schließlich auch beim Text in seiner letzten Gestalt wieder zustande gekommen ist. Sicheres läßt sich jedoch, wie ich glaube, auch im Horizonte dieser Überlegungen nicht sagen. Erwiesenes Faktum ist nur, daß der durch v. 33—43 erweiterte Psalm in den Händen eines schriftgelehrten Weisen war. Da dieser der Jerusalemer Tempelschule angehört haben dürfte, ist jedoch klar, daß der Gesamttext im Tempel tradiert und hier in den Psalter integriert worden ist, unabhängig davon, ob er auch noch zuletzt tempelkultisch gebraucht worden ist oder ob dieses nicht mehr der Fall war[142].

6.6. Der Versuch, die Genese unseres Psalms zu skizzieren, bliebe unfertig, trügen wir nicht noch *inhaltliche* Grundzüge ein[143].

6.6.1. Der Kultsänger am zweiten Tempel, der zwischen dem 5. und 3. Jh. v. Chr. aus dem altüberkommenen Lobruf *hodû lᵉjhwh kî-ṭôb* ... einen dreistrophigen Psalm zur Initiation der Kultfeiern individueller *tôdôt* entwickelte, hob in ihm nicht auf vereinzelte Menschen mit speziellen und demgemäß seltenen Not- und Rettungserfahrungen ab. Viele suchte er existentiell zu behaften, faßte entsprechend – tunlichst allgemein und darum auch weithin mit Bildern und Gleichnissen – allgegenwärtige, fundamentale Notarten menschlichen Lebens ins Auge, Krisen zwischen Leben und Tod, Krisen, welche selber verschuldet, aber nicht selber, nicht aus eigenem Vermögen, vielmehr allein durch den angerufenen Gott zu bewältigen sind. Die drei umschriebenen Notarten (tödliche Desorientierung, Fixiertsein im Leid und im Leiden, dazuhin Krankheit zum Tod) sollten zusammen das Spektrum individueller Nöte und Krisen abdecken. Mehr noch ging es darum, die Rettermacht Jahwes, die diese Nöte und Krisen wunderbar meistert, zu bezeugen, sein großherzig-gütiges Offensein für die, die ihn um Hilfe anrufen. Am meisten aber war es den hymnischen Psalmstrophen darum zu tun, all die vielen, die sich durch Gott aus der Sphäre des Todes in die Sphäre des Lebens zurückgeholt wußten, zur Erfüllung ihrer *tôdā*-Pflichten aufzurufen und ihre vom Tieropfer begleitete Lobpreisung und Danksagung im Rahmen des Festkults und im Beisein der Gemeinde einzuleiten. Der Absicht gemäß, alle individuellen Nöte und Krisen, insonderheit aber allen Reichtum göttlichen Helfens zu umspannen und auszuloten, bediente sich der Autor des primären Gedichts – bewußt oder unbewußt, jedenfalls aber häufig – der gefüllten, beziehungsreichen Sprache der prophetischen und weisheitlichen Traditionen.

6.6.2. Noch immer ein Sänger, jedoch einer, der einseitig von der Weisheit bestimmt war, fühlte sich später (sit venia verbo) bemüßigt, das Dreistrophengedicht zu »ergänzen«. Nicht so sehr deswegen, weil er eine wesentlich neue Notart, eine neue Krise hinzuentdeckt hätte. Auch nicht so sehr darum, weil er eine bis dahin übersehene Gruppe erretteter ein-

---

[142] Vgl. dazu noch einmal o. S. 99, Anm. 82.
[143] Zum Folgenden vgl. vor allem die Ziffern der Teile 4 und 5.

zelner existentiell zu belangen und in den Festkultablauf individueller *tôdôt* einzubauen versucht hätte. Von existentiellen und praktischen Gesichtspunkten war dieser nachgeborene Sänger offensichtlich weniger bestimmt als von einem eher »theoretischen« Eifer: dem nämlich, einen weiteren kritischen Bereich, den fremden, aber eben darum faszinierenden Erfahrungsbereich Meer komplettierend zur Sprache zu bringen. Dies vornehmlich zu dem Behuf, Jahwes unendliche Überlegenheit über das Meer zu feiern und seine Wunder in diesem so seltsamen Bereich beschaulicherbaulich vor Augen zu führen. Von diesen Sonderinteressen bewegt, hat der Ergänzer den zielstrebigen, schematisch-disziplinierten gedanklichen Duktus der Vorlage verlassen und die poetische Gestaltung zerdehnt. Er hat versucht, verschiedene Intentionen zu verquicken und verschiedenartige Sitze im Leben zugleich zu berücksichtigen: die althergebrachte *tôdā*-Feier und die neuartige weisheitlich-lehrhafte »Sitzung der Alten«. Der Versuch ging, aufs ganze gesehen, auf Kosten der ersteren. So erfolgte, wahrscheinlich, beim Gebrauch im tempelkultischen »Sitz« eine Entdinglichung der *tôdā*, der Wegfall des tierischen Opfers.

6.6.3. Ein noch späterer genetischer Schub, der Einschub der Verse 2–3, ist vom tempelkultischen »Sitz« des psalmischen Komplexes ausgegangen. Im Verlaufe der offensichtlich bewegten Geschichte der Sänger am zweiten Tempel ist – zweifellos spätnachexilisch – ein einseitig vom prophetischen Schrifttum, von dessen Gedanken und Erwartungen bestimmtes Glied der Sängerschaft auf dem Zion bei unserem Gedicht zum Zuge gekommen. Er hat den bis dahin mit individuellen Not- und Rettungserfahrungen befaßten Komplex spezifisch gemeindlich zu ergänzen gesucht: durch Verse, die geschichtlich-politische Not- und Rettungserfahrung einbringen. Neben den typisch individuellen Nöten und Krisen hat auch die gemeindliche Not und Krise der Zerstreuung in die Länder der Feinde zur Sprache zu kommen. Diese und jene einzelnen Jahweverehrer, denen das Glück der Repatriierung zum Zion jetzt schon zuteil geworden ist, nähren die große Hoffnung, die prophetische Erwartung der Sammlung, der Wiederzusammenführung aller Glieder der Jahwegemeinde zum heiligen Mittelpunkt Zion, sei dabei, sich Zug um Zug zu erfüllen. Was ist die Gotteserfahrung im Bereich individuellen Lebens ohne diese Erfahrung der Gemeinde als solcher, der »Tochter Zion«? Sollten nicht die schon nach Hause Geführten, die der Hand der Feinde Entrissenen[144], die, die das leibhaftige Unterpfand der Erfüllung jener Hoffnung auf abschließende Sammlung darstellten, im festkultischen Ablauf der Einzel-Darbringungen von Lobpreis und Dank mit einbezogen werden? Der dem

---

[144] Auch eine Art der Überwindung von *ṣār*! Möglich, ja, gar wahrscheinlich, daß der Interpolator klanglich assoziiert – mit dem per Refrain hervorgehobenen Homonym *ṣăr* (v. 6.13.19.28). Vgl. dazu (mutatis mutandis) I. L. Seeligmann a. a. O. 157 ff., speziell 159.

Vermächtnis der Heilspropheten und ihrer Sammlungserwartung verpflichtete Sänger tat, was die Aktualisierung des prophetisch Bezeugten an seinem historischen Ort erforderte: Er sorgte für eine Initiation — auch der Lobpreisung und Danksagung jetzt bereits Heimgekehrter.

6.6.4. Von völlig anderer Seite her kam — ebenfalls spätnachexilisch — der Impuls zur abschließenden Ergänzung: von einem schriftgelehrten Weisen, welcher, zur Jerusalemer Tempelschule gehörig, an der Tradierung unseres Gedichtes Anteil erlangt hatte. Was er in v. 33–43 anfügte, trug speziell, wenn nicht überhaupt exklusiv, den Bedürfnissen des weisheitlich-lehrhaft orientierten »Sitzes« *môšāb z^{e}qenîm*, der Sitzung, der Versammlung der Alten, Rechnung. Der andächtigen Betrachtung, die in diesem Medium gepflegt worden ist, entsprechend, suchte er — als eine Art Quintessenz aus allen voraufgehenden Strophen — vor Augen zu führen, wie der Gott, welchen die vielen einzelnen erfuhren, *ist*: Er ist der, der in allem was ist und was war, in allen Bereichen der Weltwirklichkeit, souverän hin und her umschafft, der jegliches Auf und Nieder in Natur und Geschichte bewirkt, der hierbei nicht kontingent, nicht willkürlich, sondern mit einleuchtender innerer Notwendigkeit handelt; gerade auch dann, wenn er unheilvoll straft. Zugleich ist er der, der den Seinen, denen, die ihn anrufen, über das Erwartbare hinaus großherzig-gütig zugewandt ist, sie unerschöpflich mit seinem *ḥæsæd* umfängt. Weil er, Israels Gott, so ist, kann ihn der zur Weisheit Entschlossene, nach Weisheit Verlangende fassen, kann der Weise, wenn er auf das lobpreisend-erzählende Zeugnis achtet, sich selber sagen, was ihm frommt, was ihm zu tun und zu lassen ratsam ist. — Mit der sapiential-paränetisch-didaktischen Zuspitzung im Schlußstück strahlte der Gesamtpsalm über den Bereich des Jerusalemer Tempels hinaus, wirkte so in die Breite und Tiefe[145]. Ob er, inklusive der letzten Erweiterung, auch noch den Weg zurück an seinen angestammten tempelkultischen »Ort« fand oder ob dort, bis zum Ende des zweiten Tempels, die mit v. 32 schließende Fassung gebraucht wurde, muß leider dahingestellt bleiben. Jedenfalls fand der bis v. 43 reichende Text seinen Weg in den Psalter. Mindestens darum, weil er ins heilige Schrifttum, das die Weisen der Tempelschule tradierten, Eingang gefunden hatte.

---

[145] Beiläufig ist hier ein fragmentarischer Handschriftenfund vom Toten Meer (1949 bei ʿēn feschcha von G. L. Harding und R. de Vaux gemacht) zu erwähnen, der, wie Rabinowitz glaubhaft zu machen verstand, nicht bloß den Text von Ps 107 (samt seiner abschließenden Erweiterung!) darbietet, sondern auch kommentierende Zwischenbemerkungen (I. Rabinowitz, The Existence of a hitherto unknown Interpretation of Psalm 107 among the Dead Sea Scrolls, BA 14, 1951, 50–52). Die Winzigkeit der Handschriftenfragmente läßt weitreichende Schlüsse nicht zu, spiegelt aber doch wider, wie vielfältig der verhandelte Psalm Weiterungen verursacht hat.

Literaturverzeichnis

Ackroyd, P. R., I and II Chronicles, Ezra, Nehemiah, TBC, 1973
Anderson, A. A., Psalms, NCeB, II 1972
Baethgen, F., Psalmen, HK II 2, 1904³
Baumgartner, W., Hebräisches und aramäisches Lexikon zum Alten Testament, 1967³
Baumgartner, W., Die literarischen Gattungen in der Weisheit des Jesus Sirach, ZAW 34 (1914) 161–198
Bertholet, A., Das Buch Hesekiel, KHC XII, 1897
Beyerlin, W., Kontinuität beim »berichtenden« Lobpreis des Einzelnen, in: FS K. Elliger, AOAT 18, 1973, 17–24
Beyerlin, W., Der nervus rerum in Ps 106, ZAW 86 (1974) 50–64
Bonkamp, B., Die Psalmen, 1949
Botterweck, G. J., זָקֵן zāqen, in: ThWAT, II 1977, 639–641
Briggs, C. A. und E. G., A Critical and Exegetical Commentary on the Book of Psalms, II 1907.1960
Brockelmann, C., Hebräische Syntax, 1956
Bühlmann, W. – Scherer, K., Stilfiguren in der Bibel, BiBe 10, 1973
Buttenwieser, M., The Psalms chronologically treated, 1938.1969²
Castellino, G., Libro dei Salmi, 1965
Cazelles, H., אֱוִיל, in: ThWAT, I 1973, 148–151
Childs, B. S., Psalm Titles and Midrashic Exegesis, JSSt 16 (1971) 137–150
Conrad, J., זָקֵן zāqen, in: ThWAT, II 1977, 641–650
Crüsemann, F., Studien zur Formgeschichte von Hymnus und Danklied in Israel, WMANT 32, 1969
Culley, R. C., Oral Formulaic Language in the Biblical Psalms, 1967
Dahood, M., Psalms, AncB 17A, III 1970
Deissler, A., Die Psalmen, 1964
Duhm, B., Die Psalmen, KHC XIV, 1922²
Duhm, B., Das Buch Jesaja, HK III 1, 1914³
Eißfeldt, O., Einleitung in das Alte Testament, 1964³
Elliger, K., Leviticus, HAT I 4, 1966
Fichtner, J., Jesaja unter den Weisen, ThLZ 74 (1949) 75–80
Fohrer, G., Das Buch Jesaja, III, ZBK, 1964
Fohrer, G., Das Buch Hiob, KAT XVI, 1963
Fohrer, G. (Hg.), Hebräisches und aramäisches Wörterbuch zum Alten Testament, 1971
Fohrer, G. – Hoffmann, H. W. – Huber, F. – Markert, L. – Wanke, G., Exegese des Alten Testaments. Einführung in die Methodik, UTB 267, 1973
Gese, H., Lehre und Wirklichkeit in der alten Weisheit, 1958
Gese, H., Zur Geschichte der Kultsänger am zweiten Tempel (1963), in: Vom Sinai zum Zion, BEvTh 64, 1974, 147–158
Grether, O., Name und Wort Gottes im Alten Testament, BZAW 64, 1934
Gunkel, H., Die Psalmen, HK II 2, 1926⁴

Gunkel, H. – Begrich, J., Einleitung in die Psalmen, 1966²
Gunneweg, A. H. J., Leviten und Priester. Hauptlinien der Traditionsbildung und Geschichte des israelitisch-jüdischen Kultpersonals, FRLANT 89, 1965
Herkenne, H., Das Buch der Psalmen, HSAT V 2, 1936
Hermisson, H.-J., Sprache und Ritus im altisraelitischen Kult. Zur »Spiritualisierung« der Kultbegriffe im Alten Testament, WMANT 19, 1965
Hermisson, H.-J., Studien zur israelitischen Spruchweisheit, WMANT 28, 1968
Hertzberg, H. W., Prediger – Esther, KAT XVII 4–5, 1963
Holm-Nielsen, S., Hodayot. Psalms from Qumran, AThD 2, 1960
Holm-Nielsen, S., The Importance of Late Jewish Psalmody for the Understanding of Old Testament Psalmodic Tradition, StTh 14, 1960
Jansen, H. Ludin, Die spätjüdische Psalmendichtung und ihr »Sitz im Leben«, SNVAO.HF, 3, 1937
Jenni, E., Das Wort ʿōlām im Alten Testament, ZAW 64 (1952) 197–248
Jepsen, A., Die Begriffe des »Erlösens« im Alten Testament, in: FS R. Hermann, 1957, 153–163
Johnson, A. R., The Cultic Prophet in Ancient Israel, 1962²
Kaiser, O., Einleitung in das Alte Testament. Eine Einführung in ihre Ergebnisse und Probleme, 1975³
Kaiser, O., Der Prophet Jesaja. Kapitel 13–39, ATD 18, 1973
Kautzsch, E. (Hg.), Die Apokryphen und Pseudepigraphen des Alten Testaments, I 1900, Nachdruck 1962
Keel, O., Feinde und Gottesleugner. Studien zum Image der Widersacher in den Individualpsalmen, SBM 7, 1969
Keller, C. A., Handel, in: BHH, II 1964, 636–637
Kissane, E. J., The Book of Psalms, 1964
Kittel, R., Die Psalmen, KAT XIII, 1929⁵·⁶
Koch, K., »denn seine Güte währet ewiglich«, EvTh 21 (1961) 531–544
Koehler, L. – Baumgartner, W., Lexicon in Veteris Testamenti libros, 1958²
König, E., Die Psalmen, 1927
Kraus, H.-J., Psalmen 1.2, BK XV 1.2, 1960
Kremers, H., Synagoge, in: BHH, III 1966, 1906–1910
Kroll, J., Gott und Hölle. Der Mythos vom Descensuskampfe, 1932
Kuntz, J. Kenneth, The Canonical Wisdom Psalms of Ancient Israel – Their Rhetorical, Thematic, and Formal Dimensions, in: FS J. Muilenburg, 1974, 186–222
Leslie, E. A., The Psalms Translated and Interpreted in the Light of Hebrew Life and Worship, 1949
Löhr, M., Psalmenstudien, BWAT NF 3, 1922
Lohse, E., Umwelt des Neuen Testaments, NTD Erg.reihe 1, 1977
Loretz, O., Psalmenstudien III, UF 6, 1974, 175–210
Mand, F., Die Eigenständigkeit der Danklieder des Psalters als Bekenntnislieder, ZAW 70 (1958) 185–199
Mandelkern, S., Veteris Testamenti Concordantiae, I.II 1955²
May, H. G., Some Cosmic Connotations of MAYIM RABBÎM, »Many Waters«, JBL 74 (1955) 9–21
Meyer, R., Hebräische Grammatik I, SG 763/763 a, 1952²
Michaux, J.-W., Le chemin des sources du salut. Psaume 107 (106), BVC 83 (1968) 46–55
Michel, D., Zur Eigenart Tritojesajas, ThV 10 (1965/66) 213–230

Mowinckel, S., Psalmenstudien, VI 1924.1961²
Mowinckel, S., Psalms and Wisdom, VTS 3, 1960, 205–224
Mowinckel, S., The Psalms in Israel's Worship, II 1962
Muilenburg, J., The Linguistic and Rhetorical Usages of the Particle כי in the Old Testament, HUCA 32 (1961) 135–160
Munch, P. A., Die jüdischen »Weisheitspsalmen« und ihr Platz im Leben, AcOr 15 (1937) 112–140
Nötscher, F., Die Psalmen, EB 1959⁵
Oesterley, W. O. E., The Psalms, 1959
Rabinowitz, I., The Existence of a hitherto unknown Interpretation of Psalm 107 among the Dead Sea Scrolls, BA 14 (1951) 50–52
Rad, G. von, Weisheit in Israel, 1970
Rendtorff, R., Studien zur Geschichte des Opfers im Alten Israel, WMANT 24, 1967
Reymond, Ph., L'eau, sa vie et sa signification dans l'Ancien Testament, VTS 6, 1958
Ringgren, H., גָּאַל, in: ThWAT, I 1973, 884–890
Rogerson, J. W. – McKay, J. W., Psalms 101–150, 1977
Rost, L., Die Vorstufen von Kirche und Synagoge im Alten Testament. Eine wortgeschichtliche Untersuchung, BWANT IV 24, 1938.1967²
Rost, L., Einleitung in die alttestamentlichen Apokryphen und Pseudepigraphen einschließlich der großen Qumran-Handschriften, 1971
Rowley, H. H., Worship in Ancient Israel: Its Forms and Meaning, 1967
Rudolph, W., Jeremia, HAT I 12, 1958²
Rudolph, W., Chronikbücher, HAT I 21, 1955
Schmidt, H., Die Psalmen, HAT I 15, 1934
Schreiner, J. (Hg.), Einführung in die Methoden der biblischen Exegese, 1971
Seeligmann, I. L., Voraussetzungen der Midraschexegese, VTS 1, 1953, 150–181
Segal, M. H., ספר בן סירא השלם, 1958
Seybold, K., Das Gebet des Kranken im Alten Testament. Untersuchungen zur Bestimmung und Zuordnung der Krankheits- und Heilungspsalmen, BWANT 99, 1973
Staerk, W., Lyrik, SAT III 1, 1920²
Stamm, J. J., Ein Vierteljahrhundert Psalmenforschung, ThR NF 23 (1955) 1–68
Stoebe, H. J., Samuelis I, KAT VIII 1, 1973
Stoebe, H. J., חֶסֶד ḥaesaed Güte, in: THAT, I 1971, 600–618
Thomas, D. Winton, Hebrew עָנִי, »Captivity«, JThS 16 (1965) 444–445
Thomas, D. Winton, צַלְמָוֶת in the Old Testament, JSSt 7 (1962) 191–200
Tromp, N. J., Primitive Conceptions of Death and the Nether World in the Old Testament, BibOr 21, 1961
Weinrich, H., Semantik der kühnen Metapher, DVfLG 37 (1963) 325–344
Weiser, A., Einleitung in das Alte Testament, 1966⁶
Weiser, A., Die Psalmen, ATD 14/15, 1973⁸
Westermann, C., Das Buch Jesaja. Kapitel 40–66, ATD 19, 1966
Westermann, C., ידה jdh hi. preisen, in: THAT, I 1971, 674–682
Westermann, C., Das Loben Gottes in den Psalmen, 1963³
Wolff, H. W., Dodekapropheton 1, Hosea, BK XIV 1, 1965²
Zenger, E., Ein Beispiel exegetischer Methoden aus dem Alten Testament, in: J. Schreiner (Hg.), Einführung in die Methoden der biblischen Exegese, 1971, 105–117
Zimmerli, W., Ezechiel 1, BK XIII 1, 1969

Bibelstellenregister

(Hochgestellte Ziffer = in Fußnote; dasselbe in Klammern = in Text und Fußnote!)

Lev
7,12ff. .... 87^{23}
7,16 .... 87^{23}

Dtn
30,3–4 .... 22^{31}

I Sam
1,3.21 .... 87^{24}
2,6–10 10
2,7–8 10

I Reg
5,11 105
10,22 54

II Reg
23,2 104

Jes
11,12 .... $22^{(31)}.25^{44}$
23,1ff. 54
29,8 20
32,15 .... 15^9
35,1–10 24
35,7 15
35,8 .... 20^{24}
35,9–10 .... 24.27
35,10 24
38,18.19 .... 71^{170}
40,11 .... $22^{(31)}.25^{44}$
41,17–19 .... 60^{124}
41,17–20 .... 59^{118}
41,18 .... $14.15.30^{(59)}.59.107$
41,18–19 .... 59^{119}
42,7 .... 17.28.41
42,15 .... $14.30^{(59)}$
42,16 .... 19.28
43,1 22
43,1–6 27
43,1–7 .... 22.24.67
43,5 .... 22.23

43,5–6 .... $22^{31}.24.25^{44}.27.67$
43,6 .... 22.68
43,16–21 .... 59^{118}
43,19 .... 20.59^{119}
44,27 .... $14.30^{(59)}$
45,1 43
45,2 ..... $16.28.29.30^{59}.39.43.46.107^{128}$
48,17 .... 19.28.37
48,20–21 .... 59^{118}
48,21 .... 20.59^{119}
49,9 .... $17.28.30^{59}$
49,12 .... $22.23.24.27.67.68^{155}.83$
49,14–26 .... 67^{154}
49,18.22 .... 22^{31}
50,2 .... $14.15.30^{(59)}.59.107$
51,10 23
51,10–11 24
51,11 24
52,13–53,12 18
53,4–7 18
53,6 .... 20.28
54,7 .... $22^{(31)}.25^{44}$
55,11 .... $18.28.30^{59}.47^{68}.49$
55,12–13 .... 47^{68}
56,8 .... $22^{(31)}.25^{44}$
58,11 20
62,10–12 .... $23.24^{(37)}.27.68.85^{16}$
62,12 24

Jer
2,6 36
3,18 23
8,8 .... 108^{132}
16,15 23
18,18 .... 93^{51}
23,3 .... $22^{(31)}.25^{44}$
29,14 .... $22^{(31)}.25^{44}$
31,7 23
31,7.10 .... $22^{31}.25^{44}$
31,25 20

32,37	$22^{(31)}.25^{44}$
33,10–11	26.27.86.87
33,11	26.27^{51}

Ez

7,26	93^{51}
11,16	93^{53}
11,17	$22^{(31)}.25^{44}$
20,34.41	$22^{31}.25^{44}$
27	54
28	54
34,13	$22^{31}.25^{44}$
36,24	$22^{(31)}.25^{44}$
37,21	$22^{(31)}.25^{44}$
39,2	23
39,27	$22^{(31)}.25^{44}$

Hos

14,10	$11^{26}.16$

Jon

1,3 ff.	54
1,5.6.9	54
2,3–7	21^{27}

Hab

3	56^{108}

Zeph

3,19–20	$22^{31}.25^{44}$

Sach

2,10	$22^{(31)}.25^{44}$
10,8 ff.	$22^{31}.25^{44}$

Ps

1,1	96^{63}
2,3	44
9,14	19
18,5.17	21^{27}
22,23 ff.	$87^{25}.88^{27}$
22,23.24.26.27	91^{40}
22,23.26	91
22,27	9^{18}
29,3–9	10
29,3.10	20.56^{108}
29,5.9	10
33,6–7	10
33,8	9^{16}
33,19	19
34	$94.95^{(57)}.96.98^{78}$
34,5	94
34,8–11	94^{57}
34,9	$(94–)95^{57}$
34,10.12	$(94–)95^{57}$
34,13	$(94–)95^{57}$
34,14–15	94^{57}
34,16–22	$(94–)95^{57}$
40,3	21^{27}
40,7–8	89
40,8.10.11	91^{40}
40,10–11	91
42,8	21^{27}
50,14–15	26.86.87
51,18–19	89
52,11	26
54,8	26
65,6–10	10
66,1.4	9^{16}
69,2.3.15.16	21^{27}
69,31.32	89
74,13–15	20.56^{108}
77,17	20.56^{108}
78,61	69^{160}
88,1	105
89,1	105
89,10–11.26	20.56^{108}
93,1–4	20.56^{108}
96,1.9	9^{16}
100,4–5	$26.70^{167}.86.87$
105,40	20
105,40–41	19
106	$7^{6}.26.27.75$
106,1	24.25.26
106,47	$22^{(31)}.25$
107,1	$7.8.9^{(19)}.11.24.25.26.27.31.$ $65^{141}.66.69–71.72.73.74.75.77.80.82.83.$ $86.88.97.102$
107,1–3	$1^{9}.7.25$
107,1–32	$1^{3}.102.104^{103}$
107,1–32.33–43	1^{1}
107,1.4–22	$12.74.75.77.78.79.80.$ $81.82.83.88.101.103.104$
107,1.4–32	90.96.97.102
107,2	$22.23.24.25.33.39^{30}.50.69^{(160)}.$ $73.74.100$
107,2–3	$1^{4}.7.8.9.12.21.22.23.24.$ $25.27.28.29.31.33.47.53.67–69.73.74.$ $77.83.85.86.100.101.102.105.108$
107,3	$23.65^{155}.83^{2}$
107,4	$20.28.33.34^{(13)}.44.60$

Reference	Pages
107,4 ff.	9
107,4–5	8.78.107
107,4.7	47
107,4–9	2^{13}.7.11.19.20.28.31.32–38.78
107,4–22	74.75.76
107,4–32	1^9.7.8
107,6	8.11
107,6.13.19.28	7^1.69.74.111^{144}
107,7	8.19.28.33.60
107,8	8.9.38
107,8–9	9^{19}
107,8.15	80
107,8.15.21	75
107,8.15.21.31	$7^{1.3}$.72.88
107,9	8.20.28.75
107,9.16	53^{95}.73.80
107,10	$17^{(18)}$.29.34^{13}.40.41.42$^{(42)}$.43.44.63^{133}
107,10–11	17.29.40
107,10–12	8
107,10.14	17.28
107,10–16	7.11.16.17.18.28.29.31.38–46
107,10–32	2^{13}
107,11	40.42.45.52
107,11–13	40
107,11.17	64
107,12	42.45
107,13	8.11.42.45
107,14	8.42.43.45
107,15	8.9.45
107,15–16	9^{19}
107,16	8.16.28.29.39.43.46^{63}.107^{128}
107,17	18.19.29.47.48.51.81.82.83.99.108^{134}
107,17–18	8
107,17–22	7.11.18.19.28.29.31.46–53
107,18	18.29.47.48.49
107,19	8.11
107,20	8.18.19.48.49.50$^{(84)}$.51^{90}
107,21	53^{95}.80
107,21–22	8.9.80^{44}.88
107,22	8^{13}.9.53^{95}.80.81.86.87.88.90.98^{74}
107,23	11.34^{13}.35.53.55
107,23 ff.	81
107,23–27	8
107,23–32	2^{12}.7.11.20.21.29.53–59.76.77.81.102.106
107,24	11.55.57
107,24.25.26.29	96^{66}
107,25	12
107,25.29	56
107,26	12.55.57.58
107,27	57.58
107,28	8.12
107,28 ff.	64
107,29	57
107,29–30	8.60
107,30	57.58
107,31	58
107,31–32	8.9.88
107,32	8^{13}.81.88.90.91$^{(41)}$.92.94.95.96.98$^{(73).(75)}$.99.102.106.110.112
107,33	14.15.30.60.64.107
107,33–35	10.60
107,33–36.40–41	10
107,33–43	1^4.3^{24}.7.8.10.11.12.13.14.15.16.29.30.31.59–67.77.79.81.84.86.98.99$^{(83)}$.100.102.106.107.108.110.112
107,34	29.64.79^{37}
107,34.39	11
107,35	14.15.30.60.107
107,35 ff.	65^{139}.78
107,35–36	61.78
107,35–37	61
107,35–38.41	65
107,36	10.33.34.50.60.61.62.65.78^{32}.107
107,36–38	63
107,36–39	61
107,36–41	63
107,37	62
107,38	62.63.65
107,39	10.62.63.65^{139}.79^{37}
107,40	10.13.14.30.62.63.107
107,40–41	10.61
107,40–42	14
107,41	13.14.30.62.63.65.78^{32}
107,42	11$^{(26)}$.13.14.30.65.67.107
107,42–43	7^5.11^{26}.64.65
107,43	11.15.16.29.65.67$^{(149)}$.79^{41}.81.83.98^{79}.99.107^{124}.112
113,5–9	10
116,17	87

116,17–18	86.87
116,17–19	88²⁷
118	7⁶.75.86
118,1–4	8¹¹
118,1.29	26
119,110	20²⁴
119,176	20
122,4	71¹⁶⁹
136	7⁶.26.75.86
136,1	26
145,15–16	19
145,16	20
146,7	19
147,2.12	100⁸⁷
147,6	10
147,18	18.19
148	9¹⁴·¹⁶
148,2 ff.	9¹⁵

Hi

3,5	17.29.45.84⁸
5,2–3	19.29
5,11	13.14.30.62.84¹⁴
5,12–16	13
5,16	13.14.30.84¹⁴.107
6,18 ff.	20
6,18–20	35
6,23	69¹⁶⁰
10,21	17.29.45.84⁸
12,12–25	13.14.62.85
12,21	13.14.30.84¹⁴.85.107
12,21 ff.	14
12,21–25	62
12,24	13.14.30.84¹⁴.85.107
15,9–10	93⁵²
22,18	20.29.36.37.84⁸
22,19	13.14.30.84¹⁴
32,1–37,24	84¹⁰
32,4–7	93⁵²
33,19–24	49
33,19–26	49⁸²
33,20	18.29.49.84⁸
33,22	49
33,23–24	49.51⁹⁰
34,22	17.29.45.84⁸
36,8	17⁽¹⁸⁾.29.41⁽⁴⁰⁾
36,8 ff.	42.84⁽⁸⁾
36,8–10	42
36,8.13	40

36,9–10	42
36,9.10.13	40
36,12.13	45
36,13	41.42
36,13.14	42.45
36,15	41.42
38,2	18.29.40
38,2.17	84⁸
38,17	19.29

Spr

2,1–20	37²⁶
2,13	19.37
4,10–18	37²⁶
4,11	19⁽²³⁾.28.37
5,21 ff.	29
5,21–23	19
7,25	20
12,15	19
14,12	19.28.37
14,12.14	37²⁶
16,2.25	37²⁶
16,25	19.28.37
21,16	20
23,34	21.29
27,7	20.29
30,18–19	21.29
31,14	21.29

Qoh

4,17	89
8,1	11²⁶
9,2	89

Thr

1,7	69¹⁶⁰

I Chr

6,16 ff.	105
15,16 ff.	105
16,7 ff.	104¹⁰³
16,34	24.26
16,34.41	27⁵²
16,35	22⁽³¹⁾.24
25,1–6	104
25,1 ff.8	109
25,5	104

II Chr

5,13	27⁵²
7,3.6	27⁵²

20 .... 26.86.103	6,32.37 .... 98[79]
20,14 ff. 104	6,32–37 92
20,19.21.22.28 .... 103[100]	6,34 .... 92.93
20,21 .... 26.27[52].82[53]	6,35 .... 93.97.99[80]
20,22 .... 104[103]	6,37 .... 98[79]
29,30 104	39,1 .... 16.107[127]
34,30 104	43,16–17 57
35,15 104	43,24–25 .... 21.29.57
JesSir	49,7 ff. .... 107[127]
6,32 .... 92.95[58]	49,9 .... 107[127]
6,32 ff. .... 91.93.96.98[72]	